虫から始まる文明論

奥本大三郎

知のトレッキング叢書
集英社インターナショナル

図2　角を持つ寺院
タイの寺院（上）の意匠は
ゴホンツノカブト（下）の
曲線と色彩を思わせる
（50ページ）

図3　怪鳥ガルーダの嘴
ヴィシュヌ神を乗せるガルーダ（上）は
シャムオオキバノコギリカミキリ（下）に
そっくり（51ページ）

図4　メタリックブルーの衝撃
南米産のモルフォチョウは青い、信じられないような金属光沢を放つ(52ページ)

図5　南米カラー
南米、中南米の昆虫だけが、
これほどまでに強い
金属光沢を持つ(56ページ)

図6　赤、藍、黒
アグリアス（左上・下）もベニコンゴウインコ（右）も、
赤、藍、黒と決まった3色に彩られている（57ページ）

図7　蛇の目模様
アグリアス（左）とタテハ（右上・下）は近縁でもないのに
翅の裏は同じような蛇の目模様をしている（58ページ）

図8　金緑色と金と黒
トリバネアゲハ(右上・下)の翅の色と
ゴクラクチョウ(左)の体色の取り合わせは
不思議な一致を見せる(77ページ)

図9　バティック染の味わい
バティック染(上)と世界最大の花ラフレシア(左)の
色彩には共通する〝趣味〟がある(78ページ)

図10　自然の筆跡
ゴライアスオオツノハナムグリ（上）の縞模様とチョコレート色の組み合わせはオカピ（下）の体色そのもの
（86ページ）

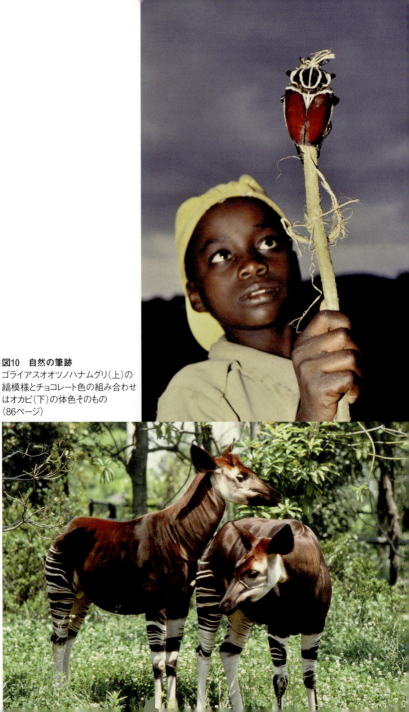

図11　複雑な縞模様
マサイ族の楯（左）の模様はフタオチョウ（右）の翅の裏面と同質である（87ページ）

図12　印象的なアイライン
古代エジプト壁画（左）の濃い隈取りは
チーター（右）の目元の筋模様を思わせる
（87ページ）

図13　世界で最も美しい蛾
世界最美の鱗翅目ニシキツバメガ（左）の輝く青緑斑を、
同じマダガスカルに棲むハナムグリ（右）も持っている（88ページ）

図14　2つの火を持つ鳥
雅楽「春鶯囀」（左）の装束と
コウライウグイス（右）。
「鶯」はウグイスではない
（93ページ）

虫から始まる文明論

奥本大三郎

目次

第二部　人の世界

綸一郎と
樟太郎に

キャラクター（トレックくま）イラスト　フジモトマサル
カバーイラスト　中川紀子
カバー写真（タイの寺院）©GYRO PHOTOGRAPHY/
SEBUN PHOTO/amanaimages
装丁・デザイン　立花久人・福永圭子（デザイントリム）
著者写真　河合昌英（帯）、岡倉禎志（カバー）
口絵写真　海野和男、奥本大三郎（215ページにクレジットのないもの）

ハワイの日系二世は、普通の日本人とはちょっと違っている。ハワイ育ちの人と日本育ちの人——両者は、遺伝的には同じであるから、顔の造りなどはもちろん同じなのだが、一見して区別がつく。身ぶりというか、話し方というか、雰囲気というか、どことなく違うのである。

その日本人でも、明治、大正生まれの人と昭和生まれの人とではずいぶん違うのであろう。グアム島で二十八年もジャングルに隠れて暮らしていた元日本兵の横井庄一さんは、まわりを取り囲んだ自分の子供ほどの年齢の、日本からの新聞やテレビの記者に驚き「あんたら日本人ですか」と訊いたそうである。それほど記者たちの雰囲気が、かつての日本人と違っていたのであろう。

夫婦は顔が似ている。もとは他人同士でも、長年一緒に暮らしているうちに似てくるのらしい。いわゆる国際結婚で、人種が違っていても顔は似てくる。仲がいいから似るのか、と言えば、そうでない場合でも似てくるからおかしい。同様に、飼い犬と飼い主の人間も、どことなく雰囲気が似てくる。どちらがどちらに似るのか——それは強い方に、弱い方が似るのである。毎朝、土佐犬とかブルドッグのような強い犬に散歩させられていると、引っ張る力の強さに、歯を食いしばり、口をへの字に曲げ、ガニ股で歩くようになる、というような物理的なモンダイではなく、実は雰囲気が感染するのである。

虫を例にとると、日本列島に棲《す》むものは、もともとは別の土地に起源を持つものであっても、色や形が他の土地に居るものとは違っているために、しばしば日本固有種あるいは日本亜種として区別されている。キアゲハでも、オオムラサキでも、ギフチョウでも、近隣諸国に棲むものとは区別がつく。それでラテン語の学名では、ヤポニカ（日本の）とか、ヤポネンシス（日本に棲む）と付いていたりする。中には日本固有の亜種として、ダイミョウとかゲイシャとかサムライとか名付けられたものもある。

ある年の正月、我が家の庭、それも私の書斎の窓のすぐ傍《そば》の木に、異様に派手な色をした大きな鳥が二羽止まった。東京では珍しく雪の降った日で、その木の枝に小鳥用に林檎《りんご》が突き刺してあったのだが、二羽の鳥は人を恐れるどころではない、止まるやいなや遠慮会釈もなく、その林檎を二口か三口でシャク、シャクと食べてしまった。それにしてもこの二羽の鳥の色彩の鮮《あざ》やかなこと。

鳥獣輸入業者の檻から集団で逃げだして、東京近辺でも殖《ふ》えているというワカケホンセイインコなのだが、日本の庭にはまったく似合わない。華やかな赤と緑で、冬枯れの庭の風情とは非常な違和感があった。かつて浅草の商店街で、ブラジルのサンバチームが踊っているところを、通りがかりの人々が遠巻きにして、こわごわ眺めている光景に遭遇したことがあるけれど、私はなんだかそれを思い出した。南米のジャングルの中と違ってこんなに目立つ鳥は、日本に棲息していれば、鷹などの獲物にされて絶滅してしまうのではないかと思われるけれど、今の都市化した日本には猛禽《もうきん》類がめったにいないから、帰化して生きていけるのだろう。長い長い間に、日本の都会に自然が戻るようなことがあったら、ワカケホンセイインコはなんとなく地味な、日本的色調に変化し、日本亜種として、日本在来の鳥のようになるに違いない。本来自然の中で生き物はあまり目立ちたくないものだからである。

かつて作家の荒俣宏さんと対談した時、右のような話をしていると、彼がひとつの例を挙げた。

これはたとえば、日本固有の魚にも、ある程度いえるんですね。僕の大好きな魚で、八丈島あたりにしかみられないユウゼンという種類がいましてね。まったく友禅染めそのままの、日本人好みの渋い美しさです。日本の魚は色と模様の趣味まで日本化してしまうという……。ユウゼンはチョウチョウウオ科に属するわけで、この科は熱帯性ですから本来派手な体色の持ち主なのですよ。

（『虫魚の交わり』平凡社）

自然は調和を求める。そのことを井伏鱒二は「侘助」という小説の中にさりげなく書いている。餌差《えさし》（鷹の生き餌とする小鳥を捕ることを業とする者）の侘助がさるお大名から、その筋を通じて命令を受けたことがある。生きた雁を獲った時に、その近くの野山に生えている榧《かや》の実と栗と松茸と柚子をとって来い、というのである。不思議に思ってその理由を訊くと「同じ場所でとつたものは互に味の面白さに釣合ひがある」（『井伏鱒二全集第十一巻』筑摩書店）との返事。フランスでも、その土地で育てられた鶏を、同じ土地で造られたワインで煮るのがよいというようなことが信じられている。正真正銘のコック・オー・ヴァン（coq au vin）、つまり鶏のワイン煮込みである。

その逆に、異質のものが少し混じるとピリッとすることもある。つまり、エキゾティズムである。西洋のデザインに日本趣味が混じってアール・ヌーヴォーになった。それをまた日本人が輸入して、ハイカラなような、クラシックなような意匠が出来あがった。

それとはまた話の細かさが少し違うし、いささか唐突だが、漱石、鷗外、荷風、と三人の文学者について考えてみると、その作風も人物も、留学先と大いに関係があるように思えてならない。漱石にはやっぱりイギリスがふさわしいし、鷗外にはドイツ、荷風はどう考えてもフランスであろう、と言えばそれは結果論そのものだと笑われるだろうけれど、本人の資質と留学先には非常に深い関係がありそうである。話をもう一度もとに戻すと、長年海外で暮らした日本人はその土地の匂いがする。イギリスで、フランスで、ドイツで暮らすと、その何処《いずこ》であっても、特に帰国直後は普通の日本人とはどことなく違うのである。そうして非常に興味深い人物が出来あがる。

湿度

若い頃、初めてフランスに行って驚いたのは、まず第一に空気が乾燥していることであった。そんなこと誰でも知ってます、と言われそうであるが、私の場合は、話に聞いて知っているつもりになっているのと、実際に体験したことがあるのとではずいぶん違うと思い知らされた。大袈裟に言えば戦争体験みたいなものである。実際に問題となっているものが感覚である場合、それが欠けている人間にはいくら言葉を尽くして語っても、伝えることはできない道理である。

とにかく、朝から晩まで全身が、乾燥した空気に包まれているわけである。室内に干しておいた洗濯物が一晩でカラカラ、ごわごわに乾いてしまうし、朝、食べ残したパンを、夜になって下手に齧《かじ》ると、歯茎から血が出るほど硬くなっている。

齧るという言葉が出たついでに言うと、私はフランス文学を少し齧った。一般に、外国の文章を読む時には、文法書と辞典類を頼りに、テキストを睨《にら》みつけ、暗号解読のようなことを試みるものである。その昔は漢文、次いでオランダ語、英語、というふうに、読むべきテキストは変わってきたけれど、我々日本人のやってきたことは昔も今も基本的にあまり変わりがないようである。実際にまた、その文章の書かれた本国から遠く離れた島国に住んでいてはそれも仕方のないことであった。

それが機会を得て現地に行ってみると、あっ、そうだったのかと思うことが少なくない。まず第一に空気が違うというか、光と風が違い、ものの匂いが違う。テキストだけを睨んでいた時には感じ取れなかったものが立ち上ってくるような気がする。私自身の異国体験の最初はフランスにおけるものであったが、それに驚いた。パリの地下鉄には羊の臭いがこもっているのだ。しかし帰ってくると東京が醤油臭かったような気がする。

留学の前に、大学の指導教官のところに挨拶に伺った。学問の話はみな忘れたが、四方山《よもやま》話の中で、あちらでは空気が乾燥しているので衣類がすぐ乾く、「洗濯するのが楽しみになりますよ、ええ」としみじみ言われ、若造の私はなんだかおかしく思ったが、パリに着いてみれば、本当にそのとおり、いや、それ以上だった。何しろ、風呂場で洋服が乾くのである。なるほど、洗濯が楽しくなってくる。

それまで自分が住んでいた東京の日本家屋の風呂場ときたら、いつもじっとり湿っていて、コンクリート張りの床に置いたスノコは、時たま日には干すのだが、水を含んで重く、黒カビが生えていた。洗濯物など、風呂場に干してもなかなか乾くものではなかった。

パリの国際大学都市にある日本館、かつて、パリの社交界で〝バロン薩摩〟と呼ばれた、薩摩治郎八氏の寄付によって建てられた学生会館に行って、事務員のおばさん、マダム・ナントカに紹介されると、おばさんは開口一番、何より大事なことを言っておくという口調の、けたたましい声音でこう、のたまわった。「日本から綺麗な缶が送られてくるでしょう、あれ、捨てないで私にちょうだいね」いきなり何の話だろう。私は少なからず面食らった。しかし、日本から来たばかりの私のヒヤリングが拙《つたな》いのではなく、本当に彼女はそう言ったのであって、日本人がみんな捨ててしまう海苔やせんべいやクッキーの空き缶が、彼女は欲しいと言ったのである。彼女の顔にはかなり濃い口ヒゲが生えていた（その後もヒゲのおばさんはよく見かけたが、本人を含めて誰も気にしてはいないようであった）。

そう言えば、我々は、海苔やせんべいを湿気から防ぐために、セロファンの袋で包んだり、乾燥剤を入れたり、いかに工夫を凝らしていることか。しかもその容器がいかに細部にこだわり、美しく作られていることか。鮨屋の職人は、海苔を缶から一枚取り出すと、大急ぎで缶の蓋を閉める。もっと昔は、海苔をその度に一枚、一枚、七厘《しちりん》で炙《あぶ》っていた。

昆虫の標本にしても、たとえばパリの自然史博物館などでは、ただの紙の標本箱に入っている。これで何百年も保管してきたというのである。現にフランス革命の前年に、ある伯爵の作ったコレクションが、ろくに防虫剤も入れずに棚に置いてあった。日本でこんなことをすれば、たちまちカビが生え、虫がついて粉々になってしまう。だから、江戸の大名で博物趣味家の増《まし》山雪斎《やませっさい》などは虫の標本を作ることは諦め、絵に描いて「虫譜《ちゅうふ》」とし、虫そのものは土に埋めてその上に「虫塚」を建てている。日本では、近年になって木製の優秀な標本箱が出来るまで、昆虫標本は保存が非常に難しかったのである。

しかし、この湿度のおかげで酵母菌が育ち、日本酒も醤油も味噌も、いいものができるのであるから文句は言えない。日本女性の肌がしっとりしているのもこの湿度のおかげである。

これはのちの話だが、日本に帰ってから、茶箱というものがいかに優秀な容器であるか、フランス人留学生に指摘されて、あらためて感心することになるのだが、それまではその存在が当たり前すぎて気がつかなかった。

あるいはまた、日本文化を学んだあるフランスの友人は、日本留学から帰国する際に、かつお節と削り器を後生大事に持って帰ったのだが、肝心のかつお節がフランスでは、乾燥しすぎてカチンカチンになってしまい、硬くてつるつるすべって搔《か》けない。それこそ「歯が立ちません」。だから、搔く前にしばらく濡れ布巾で包んでおくのだと言った。

その逆に、ある西洋のヴァイオリニストが日本に来た時、私は高い切符を買ってせっかく楽しみにして行ったのに、ヴァイオリンの響きがひどく悪かった。とにかく鳴らない。昔々の某演奏会場での話で、それも梅雨時の蒸し蒸しした雨夜のことだったが、今はどこでも空調が効いているからそんなことはあるまいと思う。

逆に邦楽の演奏家があちらに尺八を持っていくとか、鼓を持っていくとかすれば、やはりそういう、勝手の違うことがあるだろう。書家であれば、磨《す》った尻から墨が乾いて字がかすれて困るのではないか。

フランスの夏はむやみに喉が渇く。あちらで一升瓶のように大きなコカ・コーラを見て魂消《たまげ》たが、気がついたら自分がそれを飲み干してしまっているのである。何日も外にいるとジーンズの腿《ふともも》に白く塩の地図模様が浮かび出る。

南仏の野原を歩いてみると、植物は棘《とげ》だらけで乾燥に強いものばかりである。とてもとても藪《やぶ》の中には踏み込みようがない。棘が多いのは何千年も、羊や山羊に食われ続けて淘汰されたということもあるけれど、それ以上に厳しい乾燥がこれらの植物を作ったのである。日本の植物相のように、水分の蒸散を許す、みずみずしく伸び広がった柔らかい葉を持つ木や草はほとんどない。アザミの仲間はもちろん、ヤグルマギクの仲間も、まるで釘のような棘で武装していて、カトリック教会の大燭台を逆さに地面に立てたように見える。罪人か捕虜にこの植物を抱かせるだけで、残忍極まる刑罰、あるいは拷問になる。異端審問などと、日本にいて本で読んだだけではとても実態を想像できなかった話が、ごく簡単に想像がつくようになる。

次には水道の水だった——水がこんなに違うとは。とにかく、あちらで初めて頭を洗ったとき、シャンプーがあまり泡立たず、髪が逆立つのに驚いた。それが硬水のせいだとは、人に言われるまで気がつかなかったのだ。水道の水は、もちろん飲もうと思えば飲めないことはない。

しかし湯を沸かす薬缶をしばらく使っていると、その内側に石灰のようなものがこびりつくのである。ティーバッグで紅茶を入れると、澄んだ紅色ではなくて、鉄錆のような澱《おり》が出来るのだった。ところが、ちょっと海を渡ったロンドンの紅茶が信じられないほど美味しいのはなぜだかよく分からない。

空気の乾燥の具合が、人間の行動様式に影響を与えるのは当然のことであろうが、フランス人という連中はずいぶん不潔なことをする、というのが当初の感想であった。八百屋で買った果物を洗いもせず、ズボンでこすったりしてそのまま齧る。そして彼らが今よりもっと紙を節約する時代ではあったけれど、トイレットペーパーなどというものは、それこそ、小さな馬糞紙の紙切れであって、それが便所に置いてある。贅沢な日本人商社マンなどの家庭では、わざわざ日本からソフトなロール式のを取り寄せているとか、いや西洋人は肉食だからあれでいいのであって、日本人もこちらに長く滞在しているうちに糞切れがよくなる、などとまことしやかに言うのがいた。

何しろ、パン屋の小僧が配達に来て、品物を紙にも包まず裸で戸口に立てかけておくのである。室内を皆が土足で歩くし、その上を赤ちゃんは這い這いをする。これにも、いや、フランスは空気が乾燥していて、日本ほど黴菌《ばいきん》が繁殖しないからこれでいいのだという、フランス擁護派がいた。

しかし、そういう、フランス人にとって当たり前のことは、彼らはわざわざ書かない。というか、気がついてはいない。ゾラを読んでも、モーパッサンを読んでも、バルザックを読んでも——と挙げる作家の名が古いけれど、フランス人の誰もが日常目にしていて当たり前のことはいちいち本に書いていない。それが、その少し後の大杉栄『日本脱出記』のような、初めてフランスに行って新鮮な目でフランスを見た外国人の文章には、その目で見たことが詳しく書かれているわけである。だから両者を読み合わせるとよく分かる。

いずれにせよ、ある一定の環境の中で暮らしていると、人間の方もそれが当たり前となって、知らず知らずその環境に適応する。肉体のみならず精神も、乾いた、というかドライな、苛烈な事象に慣らされるようである。

和歌・俳句・日本画

日本に固有な芸術の場合、外国では製作に苦労をすることがある。たとえば俳句、和歌である。向こうの風景は、俳句にも和歌にもなりにくい。アメリカやカナダ、ブラジルの在留邦人が、日本の新聞などに投稿しているのを見ると、あちらの風景を詠んだもの、というよりは、たとえば、「マッキンレー山を見たら富士山を想った」というような、風景を見て日本を思い出したというもの、あるいは、子や孫、父、母に対する情、つまり恩愛の情に限ったものが多いようである。

ふるさとの信濃の国の山川は心にしみて永久《とわ》に思はむ

ブラジル歌壇の父と言われた岩波菊治（一八九八―一九五二）の和歌である。

日本人画家が洋行して、日本画の画材であちらの風景を描こうとすると、これもまたなかなかさまにならないようで、竹内栖鳳《せいほう》のような日本画の名手でも、絵絹《えぎぬ》に薄墨をぼかして、「ベニスの月」を描いてお茶を濁している、と言えば言いすぎか。

風土というものは動かしがたいもので、佐伯祐三や安井曾太郎も青年時代、日本で油絵と格闘していたが、フランスに行って、その辺のお巡りさんを椅子に座らせて描いても、あるいはパリの古い城壁をそのまま描いても西洋風の油絵になる。それで「ああ、やっと西洋人と同じような油絵が描けるようになった。自分のスタイルを発見したぞ！」と喜んだのではあるまいか。ところが日本に帰って来るとやはり元の木阿弥。湿度が高く、物の輪郭がぼやけたような、日本の風景と人とが待っていて戸惑うことになる。たとえはもう古いが、フジフイルムの色のような、水分を含んだ青と、コダックカラーのような、からっとした赤や黄や緑との違いである。そうして彼らは帰国してから六年も、七年もスランプに苦しむのである。

あるいは我々が、南仏のヒナゲシの花の咲く野原の風景をそのまま油絵に描いてみると、「あ、ここにパラソルを差した白い服の婦人を立たせたら、マネの絵そのままじゃないか」と思うほどしっくりくる。しかしそれはマネでも、モネでもない。ただの物真似にすぎない。

それから、たとえばこんなことがある。フランスに行ってレストランで食事をし、酒を飲んだとしよう。デザート、コーヒーまで堪能し、それでもまだ少し、何か強いアルコールが飲みたい。で、ブランデーを頼んだら、向こうから「ミラベルはいかがです、自家製のいいのがございますが」と言う。勧められるままに飲んでみると、透明の、いかにもきつい酒だがなんとも香りがいい。ミラベルというのは、小粒の、スモモのような果実から造った蒸留酒だという。帰りの空港の免税店でそのミラベルを見つけたからさっそく買い、さて日本に帰って、家での食事の最後にそれを飲んでみると、「あれ？」と思った。

どうも、フランスで飲んだ時ほど美味しく感じられないのである。「そうか、あれは、バターにクリーム、牛脂、豚脂、オリーブ油の脂っこい料理の後だから旨いと思ったのか。日本食には合わないんだな」と考えて、その次にはビフテキを食ってから飲んでみる。するとたしかに、刺身に焼き魚、そのあとお茶漬けというような和食の後飲んだ時よりはいいとは思うけれど、やっぱりどうも、もうひとつで、そのまま戸棚にしまっておくことになった。考えてみると、そのミラベルを飲んだ時、私はフランスの〝空気〟の真っただ中にいたのだ。

澁澤龍子著『澁澤龍彦との旅』（白水社）という本に、こんな一節がある。

午後からは田沢湖をまわって、この日は角館の「石川旅館」に宿をとりました。夕食に出た枝豆と小茄子の漬物があまりにおいしかったので、夜もう一度頼んで、部屋で地酒「国の花」を飲みながら食べたくらいです。翌朝のお勘定で追加分を取られていなくて、とっても得した気分になりました。さっそく枝付き枝豆を買い求め、帰宅してから茹でてみたのですが、不思議なもので、宿での一皿ほどおいしくありません。鮮度の問題なのでしょうか、ちょっとがっかりでした。

（澁澤龍子著『澁澤龍彦との旅』白水社）

渋澤さんたちも風土のギャップを感じられたのである。ほかにも同じような感想に気をつけて、食味随筆を読んでいると、佐藤愛子氏の「大阪の味は庶民の味」という作品に、次のような文章がある。

大阪には〝ぬくずし〟というものがある。大ぶりの茶碗にすしのご飯を入れ、その上に、錦糸卵や青豆やエビやアナゴやそぼろなどを美しく盛りつけてせいろで蒸す。ぬくぬくの茶碗の蓋を取ると湯気と一緒に黄や緑やピンク、薄茶といったとりどりの色彩が現われる。子供のころ、私はこの世にこんなに美しくてうまいものがあるかと感激して、この〝ぬくずし〟を食べたものだ。戦後東京にも関西の食べものが進出して来て、東京にいながら大阪の味覚を味わえるようになったが、〝ぬくずし〟だけは東京はダメである。

私があまり「ぬくずし、ぬくずし」といって騒ぐので、知人が銀座にある関西ずしの店へ連れて行ってくれた。しかし私は失望して帰って来た。どうも違う。

どこがどう違うのかと聞かれても、何ともうまく答えられないのだが、どこかしら違うのである。（……）

もしかしたら〝ぬくずし〟というものは、大阪の道頓堀あたりの、食べもの屋がずらりと並んでいる界隈で、寒空にもうもうと湯気をたちのぼらせながら、道に向ってせいろですしをふかしている、いかにも忙しそうな向う鉢巻きのおっさんや赤いたすきがけのおねえちゃんの黄色い声のなかで、手の焼けそうな茶碗を持ってフウフウふきながら食べることにうまさがあるのかもしれない。

（作品社『日本の名随筆　12　味』所収）


こうしたたぐいの経験は誰にでもあるものと思われる。私は「やっぱり風土だ、どうしようもない、動かしがたいものは風土だ」と思うようになった。先のミラベルを飲んだ時、自分は、乾燥したフランスの空気の中にいたと言ったが、フランスの風、フランスの水、街中の匂い、歩いている多様な人種の人間、フランス語。そんなものまでが一体となって、あの食後酒の味を形成していたのだ。道理で、その一部を切り取るように、あの酒だけを買って帰って日本で飲んだところで、同じ感じはしないはずなのだ。

もう一度言うと、渋澤夫妻は、角館近辺の、あの東北の風土の中で、枝豆や小茄子の漬物を美味しい、と感じ、佐藤愛子さんは大阪の風土の中での「ぬくずし」に親しんでいたのである。

フランスで焼きたてのバゲットやバタールなどというあちらのパンを味わってその美味しさに感動した日本のパン職人は、日本に帰ってこれと同じものを焼いてみようと思いたった。しかし、初めのうちはどうしても上手くいかなかったという。原料の粉をフランスから取り寄せて焼いてみる。それでも似ても似つかぬものが出来てしまう。「あ、水か」と思いついて、硬質のフランスの水で試しに焼いてみる。やっぱり駄目。「では、空気なのか」と考えて、まさか空気の缶詰を大量に買い込むわけにはいかないから、湿度や温度をフランスに合わせて調節してみたそうである。本場の職人を呼んでやらせてみても、本人が首をかしげる。結局、「あの石窯だ」、とかいろいろ工夫を重ねて、今では日本でもかなり美味しいパンが焼けるようになったのだが、それまでは大変のようであった。気候、風土が違うとしか言いようがないのである。実を言うと私の父は製粉会社をやっていて、日本で美味しいパンを焼くことがいかに難しいか、ということを私は子供の頃から聞かされたものであった。

――と、ここまで書いてきたのは、感覚的な話であって、いわば素人の感想でしかないけれど、最近、その道のプロフェッショナルの文章を、それも二つ読んで、さすが、と思った。ひとつはフランス料理のシェフのもので、もうひとつは建築家の手になるものである。シェフはこんなことを書いている。

日本とフランスの違いは随所に感じる。最たるものは水だろう。ミネラルウオーターが身近になった今、フランス産（硬水）と日本（軟水）の水を飲み比べ、違いを体感済みの方も多いはずだ。だが、その違いはカルシウムやマグネシウム塩など含有成分の話だけにとどまらない。

例えば、魚の処理の仕方の違いなどにも及んでいる。フランスではとった魚は氷水につけて自然死させる「のじめ」が主流だが、時間がたつと鮮度は落ち、においやぬめりが発生する。だが硬水がそこでがぜん威力を発揮する。においやぬめりをきれいに洗い流してくれるのだ。軟水だとなかなかそうはいかない。

一方、日本では「いけじめ」もある。活魚の鰓蓋《えらぶた》の中にある頭の骨と中骨のつなぎ目、それに尾の付け根を切り、血抜きする方法だが、これだと鮮度や身のコリコリ感が持続するため、刺し身で食べる場合は、もってこいだ。

フランス産の一部のブドウが日本産より、香りたつのも栽培方法に加え、土壌の乾燥度合いが高いから。「みずみずしい」という言葉を持つ日本に対し、フランス人が「水っぽい」とコメントしたら、マイナス評価であることが多い。

まさにお国柄だが、いずれの違いも、理にかなっていることを忘れてはいけない。善し悪しだけで判断せずに、まずは違いを理解することが重要だ。硬水か軟水か。水が違えば調理の仕方も違ってくる。世界無形文化遺産に登録された和食だが、日本でつくる和食と、欧米でつくる和食が同じであるはずがない。違いを受容することが、新たな楽しみへとまたつながっていく。

（三國清三「（あすへの話題）違いを理解」二〇一四年五月八日「日本経済新聞」夕刊）

さすが長年フランスで修業し、日本でフランス料理店を成功させた名高い料理人の言葉だけに説得力がある。「いずれの違いも、理にかなっていることを忘れてはいけない。善し悪しだけで判断せずに、まずは違いを理解することが重要だ」という言葉には千金の重みがある。

日本人にしてもフランス人にしても、その土地で長い間暮らしてきたわけだから、理にかなったことをしていないはずがないのだ。それは分かっているのだが、パリで鮨を食ったり、マルセイユでブイヤベースを食ったりした日本人旅行者などは、ゆえなき魚食文化の優越感のようなものに浸って、「こっちのはどうも魚の鮮度がよくないなあ、〆方《しめ》を知らないんじゃないか」などと口走るし、在日のフランス人はフランス人で、「日本のフレンチレストランで出すものは、あれは日本料理ですよ」などと言い放つ。三國シェフの言うとおり、日本と欧米とで作られる料理が同じではないこと、そしてその違いを受容することが、新たな楽しみへとまたつながっていくことを理解しなければならないのだ。

そう言えば、ブイヤベースの臭いにしても、小魚のハラワタの発酵したような臭いが、アンチョビの風味のようにあの料理を特徴づけているのではないか。もし丁寧にワタを取って、ぴちぴちした魚ばかりを使ったら、あの味は出まい、と言ったら穿《うが》ちすぎか。それにしても、その重要な要素がやはり水なのだ。魚の臭いやぬめりをも硬水はきれいに洗い流してくれるのだ、とは。

もうひとつは建築家、藤森照信氏の文章である。氏はオーストリアでコウノトリ観察用の家を木で造るべく、用材を求めていて、この国の森林の大半がいまだにハプスブルク家の血族によって所有されていることに驚くが、驚いたことはもうひとつあった。

コウノトリの家の中心に、コウノトリが巣を架けるよう一〇メートルの高さのオークの大木を立てた。雨が当たるからやがて腐るに違いないと考え、そのことを向こうの共同設計者リチャード・ウォルツさんに相談すると、思わぬ応答。

「日本では木は腐るのか？」

当たり前だろう。濡れたり湿気がこもると、バクテリアが木の細胞を食料として繁殖し、やがて木は腐る。法隆寺このかた、日本の木造のテーマは、いかに雨が当たらないようにするかだった。そのため日本の建築は、あんなに軒が伸びたのである。

縷々《るる》説明すると、木が腐ることに驚き、オーストリアやドイツでは土の上に転がしでもしない限り大丈夫という。

にわかに信じられないまま、建築構造デザイナーの川口衛《まもる》先生から聞いたドイツの木の〝鉄塔〟のことを思い出した。

一九三〇年代のこと、戦争で鉄不足に陥ったドイツが、バイエルン州で一六〇メートルもの木製の通信塔を建て、それが戦後になってからもそのまま使われ、七〇年ほど大丈夫だったが、もし万一のことがあればと心配して壊して鉄塔に替えたというのである。

川口先生が地元の学者に案内されて見たとき、遠くから眺めれば姿形はまるでありふれた鉄塔なのに、近づくと木造と気づいて驚く。一六〇メートルで七〇年間はすごいが、専門家の目で見てもっとスゴイのは、特別に塗装もしてなさそうだったし、木と木の接合も普通にボルトとナットで締めておしまい。（……）

私があれこれしつこく聞くと、ウォルツさんは、そんなに信じられないなら、自分が設計した木造建築が出来たばかりだから見せよう。ウィーンに建設中の新中央駅の一画に展望台を木造で造った。

案内されてたまげた。小さな展望台かと思ったら、見上げるばかりの木造建築が、鉄骨のように木をむき出しにしたまま立っている。高さは五〇メートル。使われている木材は松材。日本では一番腐りやすい樹種にほかならない。おまけに木を頼りにエレベーターまで付いて。

確かに言われた通り木材には何も塗ってないし、木と木の接合部も普通のボルトとナットで締め、ボルト穴に水が滲み込むのを防ぐための工夫もしてない。日本では、雨が入ったり乾いたりを繰り返すうちに、やがて穴が広がりボルトが緩んで危ない。

なぜオーストリアやドイツでは木は腐らず、日本では腐るのか。

改めて考えてみた。木が腐るのはバクテリアの繁殖による。バクテリア繁殖の条件は三つ。養分と水分と温度。この三つが整わないと、カビもキノコもバクテリアもじっとしているだけで繁殖はしない。

ここまで考えて分かった。ヨーロッパの気候は、夏は暑くて乾き、冬は雨や雪が多い。夏の乾燥は、地中海はむろんアルプス以北でも相当なもので、土手の雑草も干からびる。冬は、雨や雪が多い地方でなくとも天気は曇天続きで、湿度が高い分、実際の温度以上に寒さが身に浸みる。

夏は温度はあるが水分がなく、冬は水分は増えても温度の方がない。養分、水分、温度の三条件のうち、水分と温度の二つが一緒にやって来ない。だからバクテリアはさして繁殖できず、木は腐らない。

反対に温帯モンスーン地帯の日本は、夏も冬も水分があり、春から秋まで三条件は整いっぱなし。これでは木はたまったもんじゃない。

でも、三条件が整うおかげで、日本の木は樹種も多く、成長も早い。だから木造建築が世界にも稀な発達を見た。

良いことも悪いことも原因は同じ。こういう状態を昔は運命といった。日本が木に恵まれ、木造建築が花開き、そして腐って消える。こうした運命の中で、日本の大工さんたちは、せっせと修理し、部分を取り替え、軒を張り出し、バクテリアをダマシダマシやってきた。運命は、逆らっても駄目、ダマすしかない、ということかもしれない。

（藤森照信「日本では木は腐るのか？」、『アステイオン 76』所収）

これにもうひとつ付け加えるとすれば、それは考古学者の文章であろう。石灰質の土地に暮らすヨーロッパの学者は、「日本では骨は溶けるのか？」と訊くに違いないのである。

実際日本の考古学者の悩みは、古い人骨が遺跡から消えてしまっていることだという。よく残っている古代の人骨は、珊瑚礁由来の沖縄本島や、石垣島の古代人のもの、ぐらいだそうであるからだ。

風土と虫

ところで私は、子供の頃から、いつもいつも虫に親しんできた人間である。時には朝から晩まで日本や外国の虫を見ていてつくづく思うのは、これらの虫の色と形はまさにその産地の風土を体現しているなあ、ということである。ニューギニアの蝶はニューギニアの色を持ち、南米の虫は南米の虫の色をしている、そしてアフリカの蝶は……と思うようになってきたのである。虫の他には、色彩と形態の複雑な、視覚的生き物である鳥にもそんなところがある。そして虫や鳥がこれほどにも風土の影響を受けているのであるから、我々人間もその影響を受けないはずがない、と思うようになった。

たとえば、自分が誘拐され、目隠しをされたまま飛行機に乗せられて、世界の任意の場所に連れてこられたとしよう。それでもそこにいる虫を見れば、それがどこであるか、大体のことは分かる。地域ごとに虫の色や形に一定の傾向があるからである。フィリピンやインドネシアのように、何千という島があるところでも、島ごとの特異な種を知っていて、それこそピンポイントでその場所をピタリと当てるというマニアもいる。

「なあに、それはその虫を見て知っているから、そう思うだけさ」という意見はもちろんあるだろう。しかし、ともかく、以上のように考えて、世界の虫や鳥と、それから、人間の作るもの、あるいは文化の色や形とでもいうべきものを比べてみると、その土地土地で、両者に共通するところがあるように思われてきた。

風土が違えばそこに住む人間の好みも、作るものも違うし、余所《よそ》の国の人間が作ったものに対する感じ方、解釈も違ってくる。日本では、中国をはじめとする異国の文物、たとえば、詩、絵画、器物などをさまざまに解釈し、味わってきたけれど、その中には本国の人々の思いもしなかったような受け取り方もあったはずである。見立てなどといって、お茶の世界では朝鮮、中国、ヴェトナムなどの焼き物や工芸品をさまざま別の用途に使う。朝鮮や中国の陶工が単なる日用品として作り出したものを、天下の名品のようにもてはやすこともある。気の毒な例では、朝鮮の娼婦の使い古した溲瓶《しびん》を花器としてありがたがって床の間に据える、というようなこともあったという。その光景を見た現地の人が「それは止めときなされ」と、顔の前で手を振ったそうである。

さて、端的に「虫と文明」などと言っても、あまりに突飛な感じを与えるかもしれない。それは考えすぎという意見もあるだろうし、逆にそんなことは当たり前と言う人もあるだろうと思う。それで、こういうことは理屈だけを言っていても始まらないから、出来るだけ具体的に、そんな例を挙げてみることにした。それが以下に開陳するところである。

第一部

虫の世界

第一章

タイカラーチェンマイの柄杓

今から三〇年以上前、いわゆる団塊の世代がまだ三〇代の頃のことである。私は友人の標本商で昆虫雑誌の発行者、チョータロー こと西山保典氏に案内されてタイのチェンマイに虫を捕りに行った。

私としては、タイは二度目であった。一度目の案内者は昆虫写真家の海野《うんの》和男氏、そしてこの時がチョータロー氏というわけであった。この二人は昭和二十二年亥年生まれで、まさに団塊の世代、そして私は昭和十九年申年の生まれである。他の分野でもそうだと思うが、この二十二年生まれこそは優秀な虫屋人材を輩出し、日本の「第二期昆虫採集黄金時代」を築いて、日本を蝶大国に仕立てあげた世代である。ちなみに、その「第一期の黄金時代」は昭和の初年である。

当時は、タイをはじめ、インドネシア、フィリピン、マレーシアなどの東南アジアに日本から、昆虫を採集し、また現地の標本商から買い付けるために、アマチュア、プロとり混ぜて、ずいぶん多くの人たちが出かけた頃である。その結果、それまでは欧米の図鑑などで見て憧れるだけで、日本のコレクターたちの誰も、実際に、手に取って見たことのない、それどころか、その存在さえ知らなかった熱帯の華麗な蝶や甲虫、奇怪なカマキリや巨大ナナフシなど、珍虫、奇虫の標本が続々と輸入されつつあった。標本商のカタログが送られてくるたびに、憧れの外国産有名昆虫が、「お金さえ出せば」買えるようになったのかと、驚くのであった。こうした昆虫が、子供の図鑑にまで出ている現在とは事情が違った。当時は、専門の学者でも、その学名を知るのに苦労をしていたのである。かつてはまずその種について、新種である理由を述べた文献（新種記載文）を手に入れるのが大変で、欧米の博物館に問い合わせたり、自分でその資料室まで行って調べてみなければならなかった。

もっとも、お金さえ出せばとはいうけれど、高度経済成長で輸出が盛んになる前には、外貨というものは、一般の人間の自由になるものではなかった。海外への渡航制限が厳しいばかりでなく、一日一〇ドルというような、外貨の持ち出し制限があり、その決められた外貨では、たとえば、物価の高い欧米では、まともなレストランで食事をすることが出来ないし、買い物をすることもままならなかった。その頃、特権的な文化人などの書いた「あちらでは……」と、いかにも教え諭すような体験談随筆のたぐいがベストセラーになったりしたけれど、内実を言えば、日本人はみな、欧米の物価の高さにびくびくして暮らしていたのである。そこで闇ドルというものが横行したこともある。

当時のエピソードとして、日本のある標本商が、海外送金の窓口で送金の理由を訊かれ、「昆虫標本購入」と書いたら、窓口の人間が怒りだし、「我々が汗水たらして稼いだ外貨で、貴方《あなた》は虫を買うのですかっ！」と声を荒らげたという話まである。昆虫の標本などというものの、科学的、文化的価値は認められていなかった。その銀行員にとって、昆虫標本はタダの死骸だったのである。

やがて円が強くなり、日本に数々の虫の大コレクションが築き上げられることになった。その分量は、いわゆる大型美麗種——まあ、大雑把な基準で、体長一センチ以上の昆虫というところか——に関して言えば、おそらく世界最大の、大英自然史博物館《ブリティッシュ・ミュージアム》の収蔵品をしのぐ、と言われるほどである。

コレクターの末路

それらがほとんど民間に、日本の狭い住宅事情の中で、コレクターの妻子の顰蹙《ひんしゅく》を買いながら保存されている。これは客観的に見てかなり無理な状態で、持ち主が元気なうちはまだいいけれど、本人が年を取り、目はかすみ、手は震え……ということになってくると、虫にまったく興味のない家族は、大型の箱に入ったこの大量の虫の死骸をどうしたらいいだろうと困惑することになる。湿度が高く、標本にすぐカビが生え、カツオブシムシ、コナムシに食われてしまう日本では、そうした条件がそのまったく逆の西欧などとは違って、湿度を管理し、一年に一回くらい防虫剤を入れ替えなければならないのだが、箱の数が多ければ、固く閉まったガラス蓋を開けてまた閉めるだけでも容易なことではない。木製で気密性の高い、なぜか戦前から〝ドイツ型〟と称ばれてきた標本箱は、身と蓋との嚙み合わせの調整を最終的にはひとつひとつ、職人が手作業で行うので、開け閉めにも指の力とコツが要る。

そしてまた、それだけしっかり閉まる容器でなければ、日本では標本箱の用をなさないのである。これをたくさん持っているコレクターになると一〇〇〇箱とか二〇〇〇箱、あるいはその何倍ということになるから、どうにも収拾のつかないことになる。持ち主が呆けてしまえば、本人は楽だが家族が往生する。実際に夫も妻も共に呆けて、大量の標本がカビだらけになり、虫の餌になってしまった例も数多くある、というか、日本人には、虫の標本は亡びるもの、と諦めているところがある。

美術品の場合、ひと頃、というかバブルの時代には、日本の民間に保管されている、フランス印象派をはじめとする絵画などの分量は、アメリカのボストン美術館のそれをしのぐ、と言われたものである。しかし評価の一度定まった美術品は、いわば優良株のようなもので、多少買い叩かれはしても、すぐまた外国に買い戻されていったけれど、昆虫標本はそうはいかなかった。

博物館に寄贈しようにも、よほど珍しいものを含むコレクションでないと、置いておくスペースがない、管理する人手がない、などと言って断られてきた。博物館が独立行政法人という組織になってそういう事情はなおのことひどくなったのである。

最近では、日本の蛾のタイプ標本を多数含む重要なコレクションが、日本から大英博物館などに流出する、という事件があった。タイプ標本とは、種の基準となる、いわばメートル原器のような標本である。それが国外に出てしまうわけだ。

要するに、現在の日本という国には、それだけの国力、あるいは文化を支える力がもはやない、ということなのか。

そのうえ昆虫の標本売買に関してはいまだに偏見があり、生き物を売り買いするのはいけないと言う人がいるかと思えば、あの人は虫を売っているからアマチュアじゃなくて業者だ、などと言って非難する人が虫仲間の中にさえいる。しかもそういう人は、そう言っておきながら自分は買うのである。その点欧米ではそういう偏見のようなものはなく、コレクターが死ぬと未亡人や子供が標本店にごく普通にコレクションを売りに来る。またそうしてこそ、研究資料としての標本が生きるのである。

博物学と帝国主義

そもそも昆虫採集ということが日本で知られるようになったのは明治の終わり頃のことで、ヨーロッパやアメリカから伝わったのだが、中学校などで、「博物」という科目のひとつとして教えられたり、夏休みの宿題として子供に課せられたりした。明治十一（一八七八）年生まれの寺田寅彦や、明治二十五（一八九二）年生まれの芥川龍之介も、子供の頃の昆虫採集の思い出を書いている。ただし、その故に、日本では、昆虫採集はいつまでたっても小学生、中学生のやるもの、ひっきょう、児戯《じぎ》に類するもの、という印象がついて回った。

よく蝶と蛾の区別点として蝶は翅《はね》を立てて止まり、蛾は翅を開いて止まるとか、蝶の触角は棍棒状で、蛾のそれは羽毛状だとか言うけれど、それはごく大雑把な話で、実際には例外だらけなのである。どうやらこれは、英米の博物、つまりナチュラルヒストリーの教科書あたりからきたものらしい。

しかし、欧米、特にイギリスのヴィクトリア朝などでは、昆虫採集はれっきとした大人の趣味であり、研究活動であって、時には名誉をもたらすものであったのだが、我が国ではお金のかからない、単なる科学への第一歩でしかなく、大人になってもまだ虫捕りにうつつを抜かしているのは一種の変人、ぐらいに見られていた。

そもそも、欧米の場合、学者による外国での昆虫採集は生物資源調査の一環であって、結局は帝国主義に結び付いていた。十八、十九世紀には軍艦に軍人と宣教師と絵師と博物学者を乗り組ませて世界各地に派遣し、発見した土地に〝フォールドーファン（王太子の砦）〟〝セント・ローレンス川（聖ローレンスの川）〟〝ルイジアナ（ルイ十四世の国）〟などと名前を付け、領有の旗を立てたのであった。

一方では蒐集した資料を博物館に保存して研究し、生きた動物は動物園で飼育を試み、植物は植物園で育てて、有用なものを殖やす努力を重ねていた。大英博物館、自然史博物館、ロンドン動物園、ロイヤル・キューガーデンなどは大いにその役目を果たしたのである。

探検の船ではエンデヴァー号とか、ラトルスネーク号などという船の名が残っている。ビーグル号もそうした軍艦のやや時代遅れの一隻で、医者にも聖職者にもなりたくなかった昆虫好きのチャールズ・ダーウィンという有閑階級の青年がそれに乗っていたというわけである。

アオメガネトリバネアゲハとして知られるオルニトプテラ・ウルヴィリアヌス（*Ornithoptera urvillianus*）という、ソロモン群島などに産する豪華な蝶の名も、その名の綴りを見れば分かるように、デュモン・デュルヴィル（d' Urville）という、探検船アストロラブ（＝コキーユ）号に船長として乗り組んでいた軍人の名にちなんだものである。アストロラブ号の使命は、植民地に適した土地を発見することであり、ポリネシア、ミクロネシア、メラネシアなどは、このデュルヴィルが命名したものである。虫の方でも、一二〇〇種の昆虫を採集し、そのうち三〇〇が新種であったという。

それはともかく、貧しい日本では、というか帝国主義の波に乗り遅れた、いやいや、それどころか帝国主義の毒牙を危うく逃れたばかりの日本では、子供の昆虫採集の対象は日本産の虫ばかりであった。何しろ、科学の薫りのする、健全な趣味でお金がかからない、ということが大切なのであるから、庭や近くの野山の虫を捕るのが正しいのである。外国の虫などもちろん手に入らないけれど、そんなものに興味を持つのは贅沢すぎる、以ての外だ……そういう気風は第二次大戦後も長く続き、高度成長期になってぼつぼつ東南アジアや南米から昆虫標本が入るようになっても、年配の虫屋の中には、それに対して一種の拒否反応を示す人さえいた。

それはまるで小学生の時に、展翅《てんし》が下手で翅が垂れ下がり、肢《あし》がチャールストンを踊っているように勝手な方を向いた、ぼろの標本をみんなが教室に持ち寄っているところへ、金持ちの坊ちゃんが、デパートで買ったと思しき垢抜けのした、見たこともないような種類の、ぱりっとした標本を持ち込んだようなものであった。

みんながまっとうな努力をして質素な標本を作っているところへ、金持ちの子、関西弁で言うと〝ええしのぼんぼん〟が、親の金力に物を言わせて不正なことをした、という受け取り方である。昆虫採集は、自分の力でやる夏休みの宿題なのであって、点数が付くこともあったのだ。そこに、大人の人や家庭教師に手伝ってもらったり、デパートで買ったりしたものを提出して点数を稼ぐことは許せないことなのであった。大人でも、某県の虫の会では、「外国《げーこく》の蝶」なんかやるやつは会長の一存で破門されるという事件があったぐらいである。もっとも終戦までは台湾や朝鮮の昆虫は許されていた。これらの国が大日本帝国の版図のうちにあったからである。

しかしそのうちに円が強くなり、海外旅行が自由化されて、海外での採集も大衆化していく。そうした海外採集ラッシュの成果は、豪華な図鑑などの出版物となって具体化され、その頃日本を訪れた大英博物館のある研究者が、「日本の現状はまるでイギリスのヴィクトリア朝の博物趣味隆盛期のようだ」と言ったぐらいであった。

もっとも、主として政治的な理由で、日本人などの足を踏み入れることのできない地域もあった。特に中国奥地にはまだ入りにくかった。中国に関しては、昆虫標本の持ち出しについて、ごく普通のものについてさえ厳しい制限があって、四川、雲南に棲む、ブロンズの彫刻に金や赤や緑の焼色が付いているようなオサムシの仲間のカブリモドキや、赤紋のみならず青紋まであるウスバシロチョウの仲間、そして黒いオオムラサキなど、中国産の虫を手に入れることはきわめて困難であった。中国政府も生物資源の持ち出しには神経質で、登山隊のメンバーに虫屋がいて採集しても、それを発表すれば中国に返還を求められた時代である。あのミニヤコンカ山のシナシボリアゲハは、返還されてからちゃんと保存されているだろうか。

そうした珍品は、ヨーロッパのコレクターか博物館の所蔵するごく古い戦前の標本、かつてシカの一種のシフゾウやジャイアントパンダを発見したダヴィッド神父のような宣教師や、スタンダールやプロスペール・メリメの友人としても有名なドジャンのような冒険家、その他今は昆虫の学名にのみ名を残している外交官や軍人の採集品であったものを、その所有者のコレクションに欠けている、別の珍品とでも交換するしかなかったようである。

さて、チョータロー氏は標本の買い付けでタイには既に何度も来ていて、現地に知人も多く、何事も無難に運ぶようであった。もっとも、フィリピンなどではたまに現地の標本商から、商売を邪魔する気か、と脅迫状まがいのものが送られてくるようなことはあった。タイ語は発音も文字も難しいし、一般の人は、愛想こそいいけれど、日本人と同じで英語なんかできないから、話はなかなか通じないのだが、彼は最低限の単語だけで適当に話を通じさせ、事を運んでしまうのであった。

薄暗い掘立小屋のような、現地の標本屋の家で待っていると、近隣から捕り子たちが集まって、いろいろな虫を買ってくれと持ってくる。このシーズンの間に捕り貯めた、ちゃんとした標本を、つづらのような箱から大量に取り出すプロの標本屋に混じって、そのへんの子供までが、生きてもがいているクワガタやカミキリムシを蔓草で縛って持ってきたりする。私としてはそれらの虫の標本は見たことがあったし、自分のコレクションに持ってもいたけれど、動いているのは初めてだった。

標本も美しいけれど、命のある虫の美しさ、存在感はまた格別である。青いビロードの地色に黒い羽毛のような飾りを付けた触角を持つフサヒゲカミキリに、私は思わずほれぼれと見とれるのであった。

チョータロー氏はそれにいちいち値を付け、小銭を、場合によってはかなりの大金を支払うのである。判断は一瞬で、もたもたしていない。フィリピン、インドネシア、それにこのタイなどで、ずいぶん経験を積んでいるとはいえ、実に手際がいいのであった。

検分して既に料金を支払ったものと、未点検のものとを仕分けし、彼がメモを付けて計算している横で、私は虫を手に這わせてつくづく見たりしていたが、ふとその場に転がっていた、水に漬かって真っ黒に朽ちかけた柄杓《ひしゃく》を手に取ってみて、ほう、と思った。その柄の部分が、何とも言えない優美な、たおやかな、バランスのとれた曲線を描いているのである。

私がそんな腐ったような柄杓を握ったまま、じっと見入っているので、まわりの子供たちがくすくす笑っている。「変なガイジン」というところなのであろう。しかし、日本でなら、特に神社などの、手を清め、口を漱《すす》ぐところに置いてある柄杓というものは、丸い小さな容器にただまっすぐな平たい棒が突き差してあるだけで、こんな撓《たわ》みというか、優雅なゆがみの要素はまったくない。

その後気をつけて見ていると、この地では、寺院の屋根の端に取り付けられた装飾などに、あの時の柄杓と共通する曲線が見られるようである。

「笑われてもかまわない、あの腐った柄杓の柄をもらってくるんだったな……」

とつくづく思ったが、まさかあの田舎の農家までわざわざそれだけを取りに戻る気はしなかった。

象の鼻

それから数日して、街角のコーヒー屋で、どろりと舌ざわりの濃いコーヒーに練乳を入れた、甘い甘いのを飲みながら他のことを考えていて突然、「あ、そうか」と思った。

図1　タイの〝曲線〟
タイの建物の装飾（左）は
象の鼻の曲線（右）を思わせる

「あれは、象の鼻の曲線なのだ！」
　タイの人たちは、子供の時から実物の象や、その絵を見て育つことであろう。町中にも象の絵やデザインがあふれている。絵本にも象はよく登場するはずである。貴い、雄々しい動物として敬まわれているのだ。そう言えば、このコーヒー屋の建物の何気ないカウンター、天井あたりの梁《はり》にもその曲線は見られる。タイの人工物は象の鼻の曲線だらけではないか。この国の人たちが曲線を描く時、自然に象の鼻のそれをなぞることになるのではないか——私はそう思った（図1）。

　またある日、タイの寺院の庭に立ってつくづくと建物を見上げた。この壮麗さ、この華やかさ、いったいこれは何だ。これもまた本来は日本の仏教寺院と同じ、仏様に祈りを捧《ささ》げる場所のはずではないか。日本の南禅寺や相国寺との何たる違い！　日本では寺院にこれほどの色彩を使わない。いや、奈良時代の昔、建物群は、〝青丹《あおに》よし〟と詠《うた》われるほど色彩豊かであったのだそうだが、今その塗りは剝《は》げている。しかし剝げた柱や板壁はそのままに味わい深い地肌を露わしている。なに、塗り直すだけの金がなかったのさ、と言う人もいるかもしれないが、日本人にとっては、華やかというよりけばけばしい赤や金より、この黒ずんだ地味なヒノキの肌色の方が好もしいものだったに違いない。

　ところがタイでは、柱にも梁にも、ありとあらゆる面、面という面に、それこそ空白を恐怖するように、赤と青と金色の、ガラスと金属の装飾が施してある。近くで見ると結構チャチなのだが、全景としては素晴らしい。屋根の中央にも、端にも、角のような突起が植えてある。屋根瓦の彩り、この角の形。これがかーっと照りつける太陽に輝き、サフラン色の衣を翻し、赤土の地面を裸足で歩く僧侶の姿と実によく調和していて……ああ、これはゴホンツノカブトの曲線と色彩だ、と私は思った（口絵・図２）。

　ゴホンツノカブト、などといきなり言われても、その姿を知らない人にとってはもちろん何のことか分かるまい。少し説明すれば、このカブトムシは、タイの甲虫を代表すると言ってもいい、特徴のある見事な虫で、その名のとおり角が五本ある。それは黒漆を塗ったようにぴかぴか光る、細長い湾曲した角で、日本の、普通のカブトムシとはまったく違う姿をしているのである。口器で竹に傷をつけてその汁を吸うという。私はこの虫を買い付けに行くチョータロー氏について行った山の中で、大量のこのカブトムシを見てきたばかりであった。シーズンには大量に発生するらしく、標本屋では、殺したものを竹を編んだ大きな笊《ざる》に並べて乾燥させてあった。その並べ方がまた日本人とは違い、カブトムシの頭の方を外に向け、笊の外周に沿ってぐるりと並べてあるのだ。

あるいはまた、タイ産の有名な甲虫として、シャムオオキバノコギリカミキリという、全身黒色で、牙（大腮《おおあご》）の異様に長い、しかもそれが湾曲したカミキリムシがいる。このカミキリの顔は、仏様を背に乗せて飛ぶ怪鳥ガルーダにそっくりなのである（口絵・図3）。もっともガルーダを特に崇《あが》めるのはタイ人ではなくて、インドネシア人なのだが、南の仏教国ではよく知られているであろう。このカミキリムシを木彫りのガルーダの傍に並べると、つくづくよく似ていると感心してしまうのである。

第二章　南米カラー　メタリックブルーの衝撃

生まれて初めて南米産のモルフォという蝶を見たのは私が小学六年生の時だったはずだが、その場所がどこであったのか、はっきりとは思い出せない。ただほの暗い中で、青い、信じられないような金属光沢を放つ蝶の姿だけがくっきりと記憶に残っている（口絵・図4）。モルフォチョウの実物標本に出会う前に「緑の魔境」という、ブラジルの自然を映した、その頃では珍しい長編記録映画が日本に来て、新聞の夕刊によると、その中に青く光る蝶の飛んでいる場面があるということだった。しかし小学生の頃私は長い間の病気で、文字どおりベッドに縛り付けられていたから、映画館に行くことがかなわなかった。その新聞に出た映画評で内容をかろうじて知ることが出来たのだった。

新聞にその映画の紹介記事を書かれたのは、筒井嘉隆という動物学者で、私の父とは大阪のロータリークラブで面識のある方だった、というより、作家の筒井康隆氏の厳父と言った方が早いだろう。筒井先生は、大阪に初めて、市立の自然史博物館を開設するために苦労しておられたのだと思う。そもそも自然史、つまりナチュラルヒストリーというような考え方がその時代の日本にはまだないと言ってよかった。それはともかく、私にとって、ブラジルの蝶についての情報のほとんどすべてであるその新聞の切り抜きは、今でも、ちょうどその頃発行された蝶の図鑑に挟んで取ってある。

やがて、私が中学生になった時、市の公民館でこの映画が偶然上映され、食い入るように私は画面に見入ったが、蝶の場面はほんの数分くらいであまりよく分からなかった。それでも憧れの作品をようやく見ることができて私は大満足であった。その頃映画というものは、見逃したらこの次いつまた見られるか分からない、それこそ一期一会のものだったのである。後になってビデオを入手してじっくり眺めてみると、イタリア製のこの記録映画には、かなり演出というか、今でいう「やらせ」があって、蝶は針を刺した標本が植物に留めてあったり、糸で空中に吊ってあったりしたけれど、当時の撮影技術では止むを得ないところであったろう。

モルフォチョウも今では、テレビのコマーシャルに現れたり、ショウウインドウの中で流行の洋服にピンで刺されてディスプレイに使われたりして、一般の人にもなじみのあるものになってきているけれど、かつては、日本で出版された普通の昆虫図鑑には載っていなかった。たまにブラジルの土産として、青い翅の破れた部分をハサミで切って、それを材料に風景を描いたりした、あまり趣味のよくない蝶画が壁に掛けられているのを、お金持ちの家の客間などで見かけることがあった。

しかし、本物の標本を見た時の驚きは忘れられない。展示室が暗くしてあって、だからそれはデパートの催し物会場ではなくて、大阪市立自然史博物館の前身のような施設だったのではないかと思うのだが、本来生き物である蝶の標本が、まるで人工物のように、金属的な輝きを放っていることに、一種神秘的なものを感じたのである。まさにそれはメタリックブルーの衝撃で、これが生きて飛ぶ蝶だとは、とても信じられない気がした。

やがてそんなモルフォチョウが、「新昆虫」という昆虫雑誌の広告にあった標本商のカタログにも出て、当時一番安い種であった、エルガーモルフォなら、中学生の私の、小遣いでもなんとか買えるようになったのである。

天覧昆虫展

昭和三十二年に、東京の白木屋百貨店で、大きな昆虫展が開かれ、昭和天皇がおいでになったというので大評判になった。これがデパートにおける昆虫展の嚆矢《こうし》であったという。そしてまた、デパートに天皇陛下が来られたのはこれが実に初めてのことであったそうである。白木屋ではその反響に驚き、畏《おそ》れかしこみ、またその宣伝効果を喜んだ、と思われる。それを企画した小林洋という店員は、もちろん、蝶好きの人であったが、たしか、二階級特進の待遇を受けたとかいう話を漏れ聞いた。その時の図録を、ちょうど東京に出張していた父が買ってきてくれたのである。

外国産の豪華な蝶の図鑑としては、当時癌研究所の所長であった中原和郎《わろう》、東京国立科学博物館の黒沢良彦共著の『世界の蝶』(北隆館)という大きな図鑑が発行され、箱入りのずいぶん高い本であったが、小学六年の私は大きな手術の後、退院祝いとして母に買ってもらうことが出来た。戦前に、ドイツ人のアダルベルト・ザイツという人が『世界大型鱗翅類図鑑』という、全世界の、蝶のみならず、蛾まで図示した、とてつもない大図鑑を発行してドイツ帝国の威光を知らしめたが、それは別格として、世界の有名な蝶を図示したものは、他にはほとんど手に入らなかったのである。

その後南米の蝶のみならず甲虫その他の、いわゆる「雑虫」のことを外国の本で知るようになった。その中に、モルフォチョウと同じように金属光沢に輝くものがいることが分かってきた。特にコスタリカにキラキラと輝く美しいコガネムシがいて、私は『珍虫と奇虫』(小学館)という図鑑を作った時に、これに「プラチナコガネ」という和名を付けたのだが、この仲間なぞは、るつぼで溶かせば、本当に金かプラチナが採れるかと思えるほどの輝きを発している。これぞまさしく黄金虫なのであった。もちろん東南アジアやアフリカにも、金属光沢を持つ黄金虫、玉虫の仲間は数多くいる。しかし、これほど輝きの強い甲虫は他の地域には見られない。南米のものはまさに金やプラチナや銀そのものの輝きを持つのである。

後に南米に行った時、青色の銀紙を陽光に向かって煽《あお》ぐようにキラキラきらめかせると、同じ色をしたモルフォチョウがそれに惹《ひ》かれて、上空からすーっと降りてくることを体験した。

普通では捕虫網の届かない高空を飛ぶモルフォは、高い木に登って待ち伏せするか、さもなければこうして採るのである。

もう一度言うが、このモルフォにしても、プラチナコガネにしても、それから、英国などに輸出されてダイヤモンドビートルと呼ばれていたゾウムシの仲間にしても、ミドリアシナガコガネや、カミキリムシの仲間やブローチハムシ、蜂ではミドリシタバチにしても、これらの虫ほどの強い輝きを持つものは南米、中南米以外の世界にはほとんど見られないのである。ミドリアシナガコガネなどは、金緑色の金属の材料を鏨《たがね》でコツコツと打ちだして造ったようである。標本を見せると、とても生き物とは信じないのか、誰もが、「これ、造ったの？」と訊く。そのたびに私は、これほど精巧なものが人間に造れるものか、と言いたくなるのである（口絵・図5）。

そしてこの金緑色の金属光沢は同じ地域に住むハチドリやキヌバネドリの羽毛とそっくりである。実にこの輝きこそ、十九世紀末、二十世紀初頭の図鑑製作者、かのジョン・グールドやジョン・ジェームズ・オーデュボンらが、自らの図鑑の中で再現するために苦心惨憺《さんたん》したものであった。それからまた、コロンビアの古代文明人が作った黄金製の装身具、祭祀の道具などに似ているのだ。南米カラーのひとつは、この金属光沢である。

ブラジルには、アグリアス（ミイロタテハ）という、大型の美しいタテハチョウのグループがいる。翅の赤が目立ち、しかも飛び方が迅速なので、「一条の深紅の光線が空気を貫く」と形容されるタテハの仲間である。しかも地上何十メートルという喬木《きょうぼく》の梢にいてなかなか下には降りてこない、したがってきわめて捕獲困難な、そしてそれゆえ、長らくコレクターの垂涎《すいぜん》の的だった蝶である。

アグリアスには多くの種と種以下の変異があって、学者によって分類はまちまちであるが、たとえばその中の、ナルキッスス、アミドン、サルダナパルスなどの種をよく見ると、そこに〝使用されている〟色彩は、赤、藍、黒の三色に限定されていることが分かる。しかしこの三色だけの色模様に実に多様な変異があるのだ。

私はこの彩《いろど》りを見て、「ベニコンゴウインコだ!」と思うようになった。南米に棲む大型の有名なインコも、赤、藍、黒の三色に彩られているのである。そしてこのインコのような配色の鳥は、他の地域には見られない(口絵・図6)。

水の中に目を転じてみると、南米にはネオンテトラという派手な熱帯魚がいる。その彩りは濃い赤を主体とし、黒と藍を含んでいる。光の角度によって、その体がメタリックブルーにきらりと輝く。蝶で言えば、アグリアスとモルフォの輝きを一身に具有しているのである。

ところで、アグリアスの仲間の裏面はすべて、複雑な「蛇の目模様」を呈《てい》しているのであるが、やがて、英、独、仏で発行された南米、中南米産の、蝶以外の昆虫の図鑑なども入手できるようになってみると、南米にはアグリアスの外にも、表はこの三色、そして裏もアグリアス同様蛇の目模様というタテハの仲間が多種いる。たとえばウラモジタテハ（*Callicore*）やウズマキタテハ（*Catagramma*）の仲間などである。しかもこのタテハの仲間とアグリアスとは、特に近縁の蝶でも何でもないのだ。この現象をどう説明すればよいのだろうか（口絵・図7）。単に「並行変異」などと言って済む話であろうか。そして、このように華やかな色彩は、ブラジル、ペルー、ボリヴィアなど、現地の人々の好む衣装の色でもあるように思われる。

南米にはまた白地に濃紺の縞模様の、セセリチョウのグループがいる。セセリチョウ研究家の築山洋氏の指摘によると、この模様が、サッカーの南米アルゼンチン代表チームのユニフォームにそっくりなのだ。

アマゾン河の博物学者

こうした南米の自然、特に昆虫の世界を、長期にわたって現地にじっくり腰を据えて探検し、採集し、考察を加えたのは、英国人、ヘンリー・ウォルター・ベイツである。

ベイツは、その友人、アルフレッド・ラッセル・ウォレスと共にこの地に来た。二人とも、十九世紀英国のいわゆるロウワー・ミドル階級《クラス》、つまり中流階級の下の方で、同じ博物好きでも、家に資産のあるダーウィンのように、働かないで博物学に没頭するようなことはできなかった。だから、今の日本でも同じだが、外国の自然物に接しようと思えば、自分が採集人となり、採ったものを本国に送って博物館やコレクターに買ってもらうしかなかった。大学や博物館の職員のポストは得難かったし、もし得られても名誉職のようなもので薄給であった。もちろん、大金持ちなら、少し後の時代のウォルター・ロスチャイルドのように、大探検隊を世界中のどこにでも派遣することができるわけだが、そんなことは夢のまた夢である。

当時は英国における博物趣味が非常に盛んな時代で、外国産の美しい、珍奇な標本の売買も盛んであった。

ベイツとウォレスは二人で南米に来るのだが、二人で同じようなものを本国に送るより、別れて別々の地で採集した方がいいということになり、ウォレスは当時の「マレー諸島」、すなわち、今のインドネシアの島々に渡るのである。

ベイツは結局一八四八年から五九年までの一一年間をアマゾンで過ごすことになる。その間に採集した、昆虫を主とする動物の種類数は一万四七〇〇、そのうち八〇〇〇が新種であったという。

ベイツの『アマゾン河の博物学者』にはアマゾンの動・植物相の豊富さが詳述されていて、次のように、モルフォチョウのことも、もちろん出てくる。

金属光沢の青色がみごとなモルフォ属 *Morpho* の仲間は、なかには開張が一八センチにもおよぶものがいるが、ふつう森のなかの木陰の道に閉じこもっていて、ときおり広々とした日差しのなかに出てくるだけである。われわれがはじめてナザレの新しい住居を見にいったとき、もっとも美麗種の一つであるメネラウスモルフォ *Morpho menelaus*（=*Morpho Menelaus*）が、ベランダに沿って鳥のように大きなその翅を羽ばたいて飛んでいるのを目撃した。しかし、本種はおおいに賞賛されてはいるものの、同属のレーテノールモルフォ *Morpho rhetenor*（=*Morpho Rhetenor*）のかたわらでは、さすがに色褪せて見える。レーテノールモルフォの翅の表側は、それこそ、まばゆいばかりに輝いている。それはふつう森のなかの広い日当たりの良い道を好み、とてつもなく高いところを飛んでいて、めったに地上から約六メートル以内のところまでは降りてこないから、非常に得がたい逸品である。それは帆翔中にときおり翅《はね》を羽ばたかせるので、青色の翅の表面が日光にきらめいて、四〇〇メートルの遠方からでもこれを認めることができる。この属にもう一つ、繻子《しゅす》のような白い色合いのウラネイスモルフォ *Morpho uraneis*（=*Morpho Uraneis*）という種《しゅ》がいる。これも同じように捕らえにくい。雄だけがこの繻子の艶をもっており、雌のほうは薄いラベンダー色をしている。

森のなかで種数、個体数ともにもっとも多くの蝶類が見られるのは、乾季のまっただなかであるが、とくに二、三日の間隔で驟雨がやってくるようなときに多い。習性、飛び方、色合い、また紋様など、じつにさまざまな、無数の珍奇な種がこの時期に得られる。黄色いものもあれば、明るい紅、緑、紫、青色のものもあり、多くは金や銀に輝く金属製の縞に縁どられ、斑点をちりばめている。なかには硝子のように透明な翅をもつものもいる。こういう透かし翅の種の一つは、とりわけきれいなムラサキスカシジャノメ *Cithaerias esmeralda*（=*Hetaera Esmeralda*）である。これは翅に一カ所だけ菫《すみれ》色と薔薇色の混じった不透明な斑点をもっていて、これが暗い木陰の落ち葉の上を低く舞っていると、またこういう場所にしか見られないのであるが、眼に見えるのはただこの部分だけで、それがちょうどひらひらと舞う花びらのように見える。

（ヘンリー・ウォルター・ベイツ著、長澤純夫・大曽根静香訳『アマゾン河の博物学者』新思索社）

しかし、アマゾン奥地での自給自足の生活は厳しいもので、〝べとべとしたあのひどい塩漬の魚〟が苦手なベイツは食うものがなくて困ったという。それで親しくなったインディオの猟師の、ライムンドという男と狩りに出たりする。その旅で見た、美しい朝の情景を描いた部分を引用しよう。

われわれは四時半頃猟場に着いた。ここでは水道が広くなっていて、五、六本の支流が出ていた。日の出までには、まだ一時間半はあったので、ライムンドは私にひと眠りするようにすすめてくれた。そこでわれわれ二人は、舟の腰掛に体をのばして眠った。舟は今はほとんどよどんだ状態の潮に浮かせたままにしてあった。私は背中の板の堅さを気にしながらもよく眠った。故郷の景色の夢の途中で目が覚めた時は、夜はすでに明け始めていた。私の衣服は露にびっしょり濡れていた。鳥が騒ぎ出した。蟬《せみ》が鳴き出した。ナンベイアオツバメガ *Urania leilus* が群れをなして、樹ぎの頂きを飛び始めた。これは不思議な美しい尾を持った、金色に輝く蛾で、その習性は蝶のそれによく似ている。ライムンドが Clareia《クラレイア》 o《オ》 dia《ディア》! (夜が明けた) と叫んだ。変化はまことに急であった。東の空がたちまちにして最上に美しい淡い青色に変わり、薄い白い雲の条がたなびいていた。いかにわれわれのこの大地が素晴らしいかを感じるのは、まさにこういう瞬間である。(同前)

「クラレイア・オ・ディア」美しい響きの言葉ではないか。

こんなふうに紹介するとまるで楽園のようであるが、当時のアマゾン奥地は危険に満ちていた。もちろん野獣より恐いのは人間であるが、それよりもっと恐いのはさまざまな虫と病原虫、病原菌である。水を飲んだだけで下痢をし、発熱する。あるいは蚊や蝿に刺されたところが化膿し、いつまでも治らない。雨に降り込められたジャングルや船の中で、身体中、皮膚が露出しているところで虫に刺された跡のないところがないという状態になるのだが、不思議なことに、長くいるあいだにもうあまり虫に刺されなくなったりする。

やがてベイツは、ぼろぼろの服を着、裸足で歩くようになったという。ジャングルの中を裸足で歩くのはきわめて危険なのだが、足の裏の皮がよほど厚く、丈夫になっていたのであろう。彼はイギリス人よりインディオたちと付き合う方が楽しそうだったと言われている。イギリス人たちの方では、パラの街の泥んこの道を裸足で歩くこの〝いささか土着しすぎた変人〟を見かけても、誰も会釈さえしなくなったそうである。

ベイツは奥地で、毎日朝の九時から午後二時まで、驚き、興奮し、楽しみ、時に考え込みながら熱心に採集に励んだ。その時のいでたちは次のとおり。


〝私の左肩には、2連発の猟銃がかかっており、右手には、網をもっている。からだの左側には、ポケットが2つ付いた革袋をぶら下げているが、1つのポケットには昆虫箱、もう一方には火薬と2種類の銃弾がはいっている。右肩からは、獲物袋がぶら下がっていて、それには、赤皮の飾りと皮ひもがついている。これは、トカゲ、ヘビ、カエル、大きな鳥などをつるすために使う。この袋についている小さなポケットには、帽子や小さな鳥を包むための紙がはいっている。また、シャツには、6種類の大きさの針をつけた針差しがとめてある〟。

（トム・スターリング著、竹内正幸監訳『アマゾン（未踏の大自然）』タイムライフブックス）

こんなに重装備なのは、文中にあるように、鳥でも獣でもヘビでもカエルでも昆虫でも、何でも採集して標本を英本国に送り、肉は食えそうなら自分が食うからである。

彼はそのうち、外見は同種の蝶のように見えながら、捕虫網に収めてみると、それが全然別系統のものであった、という経験をする。たとえばヘリコニウスという蝶の仲間だと思って採ると、アゲハやシロチョウの仲間であったり、それどころか蝶でさえなく、昼飛性の蛾であったりするのだ。

ベイツは採集したものをよく見るだけでなく、美しい彩色画のノートを残している。絵を描くことは仔細に観察することにつながる。そして、それと同時に生きたものの行動をよく観察した。そこで彼は〝擬態《ミミクリー》〟ということを発見するのである。すなわちヘリコニウスは、「ドクチョウ」という別名があるように、有毒の蝶なのであって、一度それを食べて苦い思いをした鳥は二度とそれに手を出さない。この蝶は幼虫時代にトケイソウ（パッションフルーツ）を食べて、それに由来する有毒物質を身体に蓄積しているのである。

だからそのヘリコニウスとは別系統の無毒の蝶や蛾が、鳥の嘴《くちばし》を恐れてヘリコニウスに姿を似せている、という説である。ガードマンが、ピストルを持っていないのにお巡りさんのような制服を着ているのも一種のミミクリーなのである。

そう思ってみると、ヘリコニウスは自分の斑紋をよく見ろ、と言わぬばかりに、ことさらにゆっくり飛ぶようである。「毒蛇は急がない、というわけか」とベイツが思ったかどうかは分からないが、蝶の姿からどうもそんな雰囲気が伝わってくる。

その後、フリッツ・ミュラーという人が、毒のある蝶同士が、系統が違うにもかかわらず似ていることを発見した。これをミュラー型の擬態という。つまり反社会勢力の人々が、組は違うのに似たような格好をしているのと同じで、普通の人々に自分の性質を知らせ、無用の摩擦を避けているのである。

さらにミミクリーウィドーというのがある。ある島などにモデルの毒蝶がいないのに、擬態種だけがいる場合である。それじゃあ意味がないだろうと人は思うが、実は天敵の鳥が渡ってくる、もとの場所にモデルの毒蝶がいるから有効なのだという説である。

こうなるとその説の真偽を疑いたくなるけれど、面白いことは面白い。ベイツはこうしてアマゾンで一二年間を過ごしたのだが、フライキャッチャーと言われた採集人の多くが事故や病気で死んでいることを思えば、友人のウォレス同様、身体も運も強い人であったことは間違いないであろう。

ベイツが出会ったのは、それまで博物学者のほとんど入っていないアマゾンの自然であって、だからこそ彼は新種を大量に発見することができたのだが、この私にも、さんざんに開発され、荒らされた後だとはいえ、ほんの少しだけ、同様の虫のいるところを目撃する機会があった。

それはかつてのゴム景気の街、マナオスから小型飛行機で三、四〇分ほど飛んだ、アマゾン河の支流、マデイラ河流域の新しい街であった。

この周辺はもはや、荒れはてた牧場の跡地ばかり。わずかに伐り残されたジャングルの小道を歩いていると、「ジーン」と鳴くセミの声。湿度は一〇〇パーセント近いだろう。あらためてベイツの苦労を思う、と言ったのではまだ早すぎるか。

少し明るく開けたところに出ると、上空を三角翼の模型飛行機のようなものがいくつもいくつも滑空している。下から見上げたところは黒いシルエットだけだが、羽搏《はばた》くと青い色が見える。青い太陽蝶、キッセイスモルフォだ。捕虫網の柄をいくら伸ばしても、とても届くような高さではない。それで用意してきたボール紙を取り出す。これには青い銀紙が貼りつけてある。人工の青い幻光を利用して、モルフォを手元におびき寄せよう、という、例の作戦である。しかしキッセイスはこの青に反応を示さない。それでも諦めきれず、首が痛くなるほど上を見上げながら、銀紙で煽いでいると、森の奥からサインカーブを描くように青い光がこちら目がけて飛んできた。メネラウスモルフォだ。これこそは青銀紙タイプのモルフォで、自分と同じ輝きに反応したのである。捕虫網の一閃。生きたものを初めて見て、初めて捕った。

嬉しくなって、ジャングルの奥へ奥へと入って行くと、小道の両側に一メートル半ぐらいの竹の串が突き立ててあり、その先端にバナナの筒切りが刺してある。このバナナはサトウキビの酒ピンガとサトウキビの搾り汁、それに砂糖を混ぜて一晩寝かせたもの。バナナトラップなのである。

それが道の両側、二、三メートルおきに約二キロほど続いていて、そのどれにも、モルフォチョウ、フクロウチョウ、プレポナ、それからアグリアスまで誘引されてきている。アグリアスは四、五〇メートルもある高木の梢にいてなかなか下には降りてこないし、猛スピードで飛ぶために、昔はめったに捕れなかったわけだけれど、このバナナトラップの発明によってやはり数は多くないとはいえ、昔に比べるとずいぶん捕れるようになったのだ、という。

蝶ばかりではない。色とりどりのコガネムシもカミキリもカメムシもいっぱいに群がっていて、さながら南米カラーの展示場の観を呈していた。


今、こういう光景は多分なくなっているのだと思う。ブラジルでは、蝶や甲虫の輸出は禁じられているからであって、その理由はそういう生物資源を輸出すると、世界銀行が金を貸してくれなくなるからだという。

その一方ではしかし、サトウキビ畑や大豆畑として、またハンバーガー用の安い牛肉のための牧場として、森林を伐り開くことは止《や》んでいないそうである。

第三章

インドネシア
ビロードの翅を持つアゲハチョウ

インドネシアの島々とニューギニア本島には、世界で最も豪華で美しい――もちろん、美しいなどという基準は、人によってさまざまであるけれど、まあ、衆目の一致するところ、そう評価されている――アゲハチョウの仲間がいる。いずれも大型で、翅はビロードの布でこしらえたように厚ぼったく、その色は世にも豪奢な金緑色や、黄金をまぶしたような青や赤に輝いている。その飛ぶ様はまるで鳥のようで、ゆっくりと飛ぶ時には、悠揚《ゆうよう》迫らぬ谷間の王者の風格と、存在感があり、速く飛ぶ時には、あれよあれよという間に河を渡り、斜面を越えて視界から消えてしまう。その翅の見事さのゆえに、西洋の博物学者らはこれをバードウィングバタフライ、すなわち鳥翅揚羽蝶《トリバネアゲハ》と呼んできた。

私がそんな事実を知り、そのカラーの図鑑を初めて見ることができたのは、前章でも述べたように、昭和三十三年に発行された、中原和郎、黒沢良彦共著『世界の蝶』という図鑑によってであった。

『世界の蝶』は定価六〇〇〇円もした箱入りの立派な本で、これは当時のサラリーマンの大卒初任給の約三分の一に相当する。序文は、次のように格調高く始まる。九州大学教授、江崎悌三によるものである。

美の探究はわれわれ人類に与えられた特権の一つであって、美への憧れが人生をどれほど潤いのあるものにしているかわからない。美の中でも自然の美、すなわち造化の美ほど、いわゆる飽きのこない点において、他のさまざまの美の追随をゆるさないものはあるまい。

（中原和郎、黒沢良彦共著『世界の蝶』北隆館）

〃虫聖〃

歴代日本の昆虫学者の中でも、文化的な方面で最も博学な、一部では〃虫聖〃とさえ讃えられた江崎悌三はこの時、末期の癌で死の床にあった。大学教授の定年をまだ何年も残しての早すぎる死である。この序文は江崎の絶筆と言ってもよいであろう。それはさらにこんな風に続く。

およそ豪華絢爛という言葉は、世界の美しい蝶のために用意されたものであるなどといえば、昆虫学者の迷い言と笑われるかもしれないが、昭和32年の秋、東京で催された日本昆虫学会創立40周年記念の〝世界の昆虫展〟に出品された世界の美しい蝶に接した人々は、その華麗さに全く圧倒されたことであろうし、こんなに美しい蝶が、実際に地球上のあちらこちらを飛びまわっているのかと驚異の眼をみはったことであろう。しかし、こういった世界の美しい蝶類標本は、われわれ一般の者には、いや昆虫学者にでも、そう容易に入手できるものでもないし、またいつでも鑑賞できる機会に恵まれるものでもない。（同前）

だから、この『世界の蝶』のような図鑑の発行が待たれていたのだ、と江崎は述べる。実際、子供用の図鑑にさえ、外国産の豪華蝶、巨大昆虫などが気軽に図示されている今とは時代が違った。その頃、外国の昆虫に関する情報など、衛生害虫、農業害虫に関するものを除いて、日本にはほとんどない、と言っていいくらい乏しかった。その後私は自分の書斎を作ってもらった時に、部屋のカーテンを金緑色と黒と金色にした。トリバネアゲハの実物を手に入れることなど不可能と思って、せめてその色で部屋を飾ったのである。

『世界の蝶』は、私にとって、それまでの渇きを充分に癒してくれるどころか、驚異の新世界であった。頁をめくるごとに、それまで見たこともなかった、ゴライアストリバネアゲハ、ティトヌストリバネアゲハ、キマエラトトリバネアゲハの天然色写真が目の前に現れる。まさに豪華絢爛。大きい、そして美しい。それも金屏風を広げたような厚みのある華やかさである。インドネシアの島々、ハルマヘラ、バチャン、ワイゲウ……そして、ソロモン諸島やニューギニア本島にはこんな蝶が飛んでいるのか。そうだ、ソロモン諸島と言えば、僕のおばちゃんの息子さんが戦死したという島ではないか。学校から帰ると私はこの本の頁を開いて飽きることがなかった。

大きな蝶の翅が、いかにも重そうに少し垂れ気味になっているのも――今から思えば　実は展翅が狂っているのだが――蝶の巨大さを誇示しているようで貫禄があった。プリアムス、ゴライアス、ティトヌス、パラディセア、キマエラ、雌はいずれも地味な禁欲的な色でよく似ている（鳥の場合、雉の仲間、鴨の仲間にもその傾向があって、雄はいずれもアイディアの限りを尽くしているが、雌はどれを見ても茶色っぽい地味なもので、種の区別がつきにくい）。

著者の一人中原和郎はこの本の初めに、

……日本の蝶は殆んどすべての種類を集めたが、外国のものを全部集めることは容易でない。そこでそのうち最も美しい東洋熱帯特産の *Troides*、南米の *Morpho*、*Agrias*、それにこれらに次ぐ他の華麗蝶に限定し、その範囲で出来るだけ完全な蒐集をという方針を立てた。そして20年程かかって大体その目的を達することができた。（同前）

とあっさり述べている。トロイデスはトリバネアゲハの仲間であり、モルフォは金属光沢に輝く、ジャノメチョウに近い南米の蝶の一群、そしてアグリアスはミイロタテハとも呼ばれる、大きく美しく、速く飛ぶ、しかも稀《まれ》なタテハチョウの仲間である。この『世界の蝶』に図示されている蝶の標本は、中原の蒐《あつ》めたものであるという。中原は、癌研究所の所長であるが、子供の頃からの昆虫好きで、アメリカに留学し、昆虫学者になるつもりが、コーネル大学在学中に〝心境の変化〟によって癌の研究に転じ、蝶の方はアマチュアのコレクターになったという人である。

戦前から戦後にかけての、外国産蝶類のコレクターと言えば、この中原の他には、在日フランス人のポール・ジャクレーや『原色千種　昆虫図譜』（三省堂）の著者で、標本商の平山修次郎ぐらいが有名なところで、他には田中龍三らの名がわずかに知られるぐらいのものであった。そもそも金を出して蝶を買うなどということを誰もあまり考えない、と言うより、そんなことは思いもよらない時代で、蝶のために田畑《でんばた》を売ったりしたらまさに勘当ものであった。

私は中原のこの言葉に感心する一方で、「世界の蝶はこれだけなのか……未知の蝶はもうないのか」という、すべてを見てしまった人のような、一種の寂しさを感じた。しかしそれは、とんでもない認識不足であった。世界の蝶の種類数は二万種とよく言われるが、それはごく大雑把な考え方であって、蝶には無限と言ってもいいほどの変異がある。地域変異、個体変異であって、種以下の細かい分類で、亜種とか、タイプとか、型とかに分けられている。たとえば同じナガサキアゲハでも、インドネシアのジャワ島に住む亜種、中国南部に住む亜種、台湾に住む亜種、沖縄本島に住む亜種、本州や九州に住む亜種……と数え上げていけばきりがないほどの変異があるのだ。もちろん、この当時まだ知られていない新種が、それこそ山ほどあった。ところでもう一度『世界の蝶』の概説から引用すれば、そこに次のようなことが記されている。

インド・オーストラリア区ではアゲハチョウ科の大発達が目につく。殊にニューギニアを中心とするいわゆる表南洋の島々に特産のトリバネチョウ（俗称 *Ornithoptera*）の類はその魁偉な形態と、金色をちりばめた壮麗な色彩と相ひまって、世界の蝶の王座を占める観がある。Rudyard Kipling がその詩 "The feet of the young men" に

"Do you know the steaming stillness of the orchid-scented glade,
When the blazoned, bird-winged butterflies flap through?"

と歌っているのが正にそれである。

この地方が蝶学的に開発されつつあった当時における各国の政事的勢力範囲の関係もあって、イギリスの女王に捧献して命名された *victoriae*、*alexandrae* を始め、*chinaera*、*meridionalis* 等の大物はイギリス人によって発見されたが、ドイツ側でも *paradiseus* や *trojanus* の如き逸品を出している。採集家としては有名な Wallace の外、イギリス人 Meek、

ドイツ人Ribbe、アメリカ人Dohertyなどの名は永く記憶されるであろう。（同前）

中原博士はアメリカ留学が長かったし、夫人がアメリカ人ということもあるので、英語をそのまま使っているから、少し解説風に補足すれば、ラディヤード・キプリング（一八六五—一九三六）は、『ジャングルブック』などで知られるインド育ちの英国の作家である。ここに掲げられた「若者たちの足どり」を私の受験英語であえて訳してみれば、まあ、次のようになるだろうか。

君よ知るや　蘭の花香り　暑熱の気満てる　密林の空地の静寂を。
と、そこを、鳥翅揚羽が　絢爛たる翼を颯々《さつさつ》と羽搏いて飛び去っていく。

キプリングが歌っているのはインドの地であるから、ここに登場するのは黄金の鳥翅、おそらくはヘレナキシタアゲハであろうと思われる。そして次に中原が名を挙げているのは、それぞれヴィクトリア、アレクサンドラ、キマエラ、メリディオナリス、そしてゴクラク、オオアカエリなどのトリバネアゲハである。このうちアレクサンドラトリバネアゲハはその雌が世界最大の蝶として有名で、また稀であるために、ワシントン条約の附属書Ⅰ（今すでに絶滅する危険性がある生き物）に掲載され、厳重に売買が禁止されている。

新種のトリバネアゲハ

中原が名を挙げている採集家の中では、ダーウィンと同時に進化論を提唱した探検博物学者、アルフレッド・ラッセル・ウォレスが特に有名であろう。そのウォレスの名著『マレー諸島』（ちくま学芸文庫）から、インドネシアのバチャン島でのトリバネアゲハの新種発見のくだりを引用しておきたい。

バチャンの森林にはじめて足を踏み入れたところ、手のとどかないほど高いところの木の葉に、暗色に白と黄色の斑点のある一頭のすばらしいチョウがとまっているのを見つけた。高く飛んで森に逃げ込んでしまったので捕まえられなかったが、それが東洋熱帯の誉れというべき *Ornithoptera* すなわち「鳥の翼をもつチョウ」の新種の雌だとすぐにわかった。私はそれを捕まえたい、またこの属の雄はたいてい美麗なので、雄をぜひ見つけたいと切に願った。それから二ヵ月のあいだは雌をもう一度見かけただけ、またその少しあとに炭鉱の村で雄が空高くを飛んでいるのを見ただけであった。あまりに数少なく野生的なチョウのように思われ、一頭の標本も手に入れられないのではと絶望しかけていた。ところがある日、一月のはじめであったが、苞葉が大きくて白く花が黄色のきれいな灌木を見つけた。それはコンロンカ（*Mussenda*）の一種で、その高貴なチョウが一頭、そのまわりを旋回しているではないか。しかし飛びかたがすばやすぎ、逃げられてしまった。翌日、私はふたたびその灌木のところへ行き、まんまと雌一頭を捕まえた。さらにその翌日には、雄を一頭捕まえた。期待どおり、そいつはこのうえなく豪華なまったくの新種であり、世界でもっとも絢爛な色彩のチョウといってよかった。雄の翅の破れていない標本は差し渡し一七・五センチ以上、ビロードのような黒に燃えるような橙色である。この橙色の部分は、他の近縁種ではどれも緑色をしている。この昆虫の美しさと鮮やかさは筆舌につくし難く、博物学者でなければ、私がついにこのチョウを捕まえたときに経験した強烈な興奮を理解できないだろう。このチョウを捕虫網から取り出し、その輝かしい翅を開かんとしたとき、心臓の鼓動が激しくなって血液が一気に頭にのぼり、それまで経験したことのないほどの眩暈を感じて卒倒しかけ、そのまま死んでしまうのではと思った。その日はそれからずっと頭痛がとれなかった——ふつうの人にはなんでもないことで、それほど興奮してしまったのである。

(アルフレッド・R・ウォレス著、新妻昭夫訳『マレー諸島』ちくま学芸文庫)

金色がかった濃いオレンジ色に輝く、誰もまだ見たことのない、新種のトリバネアゲハの発見！　ウォレスでなくても、虫屋なら誰でも頭に血がのぼって卒倒しそうになる。

もう充分という人もいるだろうが、ついでにアルー島での金緑色のトリバネアゲハ採集のくだりも引用しておきたい。

……そいつが堂々とした飛翔で向かってくるのに気づいたときには興奮で体がふるえ、網を振ったあとも本当に成功したのかどうか、網からそれを取り出し、差し渡し一七・五センチもあるベルベット状の黒と燦然と輝く緑の翅、金色の胴体と深紅色の胸を、驚嘆のあまり我を忘れて見つめるまでなかなか信じられなかった。それは故国で標本棚に入っているのを見たのとよく似たチョウではあったが、自分自身で捕まえたものはまったく別物である——指のあいだで暴れるのを実感し、その新鮮な生きている美しさをまじまじと見つめるとき、輝かしい宝石が暗い密林の静寂な影のなかで光を放つのだ。ドボの村にはその夜、少なくとも一人の満ち足りた男がいた。（同前）

今度は金緑色に輝くミドリメガネトリバネアゲハである。こんな幸福な経験は、もう今の我々には味わえないのかもしれない。

ところでそれらのトリバネアゲハの図鑑を見れば見るほど、その雄の、金緑色と金と黒、三色の取り合わせが、同じニューギニアやインドネシアの島々に棲む、ゴクラクチョウ（フウチョウ）の色に一致すると、私は思わないではいられなかった（口絵・図8）。ゴクラクチョウの標本は、戦前のものが小学校の理科室にあったたし、鳥の本にはよく出ていたから知っている。後にあの大コレクター、ウォルター・ロスチャイルドの伝記を読むと、探検家で採集人の

A・S・ミークらが、まさに命がけで自分の元にもたらしたこれらの蝶を見て、彼も同じ感想を持ったことが書いてあった。鳥と蝶の雄とが、同じ地域で同じ色彩の傾向を有するのである。熱帯のジャングルで目立つものと言えば、花と鳥の雄、蝶の雄であろう。他の生き物は目立ちたくないのだ。花は別として、鳥も蝶も捕食者に襲われる危険がある。雌を獲得したいがために、危険を顧みず派手な姿をしているわけである。

こうして見ていくと、世界各地で、そこに住む虫に特徴的な色と形があるように思われてくる。そうしてそれは鳥とも〝連動〟しているように思われるのである。

ニューギニア本島とその周辺の島々に棲むフウチョウ（ゴクラクチョウ）はそのいくつかの種において、羽毛の色が金緑色と金と黒の取り合わせであるが、同じ取り合わせが先に述べたように、トリバネアゲハと呼ばれる、世界でも最も豪華なアゲハチョウのグループに見られるわけだ。オオフウチョウ、コフウチョウ、ベニカザリフウチョウなどのゴクラクチョウと、ゴライアストリバネアゲハ、ゴクラクトリバネアゲハ、キマエラトリバネアゲハ、ティトヌストリバネアゲハなどのトリバネアゲハとを並べて比較して見ればそのことがよく分かる。

後に私はインドネシアの、アンボン島、セレベス島（現スラウェシ島）、ジャワ島などを少しばかり採集して回った。ジャワでは、バティック染を見てその複雑さと色彩の味わいに感じ入ったが、やがて、あれは世界最大の花ラフレシアと同じ〝趣味〟なのだ、と思うようになった（口絵・図9）。

とりあえず、これまでに述べたような、地域ごとに特徴的な色彩を、それぞれニューギニアカラー、南米カラーと名付けることにする。

第四章 アフリカ大草原の感嘆符

バーナーに点火するとゴーッと熱風が吹いて、それまでへなへなとしおれていた巨大なバルーンがゆっくり起き上がり始めた、と思ったら、華やかな色の球体が完成し、我々の乗っているゴンドラがもう空に昇り出した。

夜が明け初《そ》めて、隣の林のシルエットがくっきりと空に浮かぶ。二〇メートル、三〇メートル。あっという間に、もう今、飛び降りたら確実に死ぬという高さに昇ってしまった。そのまま、ゆらーりと風に乗って移動する。

ゴンドラの手すりに肘をついて下を眺めると、木々の間に何やら動くものがある。象の背中だ。真上から見るアフリカゾウは意外に痩せて背骨が目立つ。大袈裟に言えば骨と皮である。象が肥《ふと》った獣だと思ったら大間違いだ。

こんなに朝早く林の中で連中は何をしているのかと思ったら、朝の食事らしい。さっきバルーン発着場の隣でバキバキ、ボキボキと荒っぽい音がしていたはずで、象が手の届く、ではなく、鼻の届く範囲の木の枝をへし折って食べているのである。

昨日のロッジの広大な庭の池の傍に、縦に引き裂かれたようなアカシアの大樹があったけれど、人に訊くとあれも、象の仕業なのだということだった。すさまじい力である。食事をしているところを見ると、木の枝を鼻で巻き取るようにして口に運んでいるのだが、そのアカシアの枝の先は何と、棘だらけである。しかもその棘が鋭く尖り、爪楊枝よりはるかに太くて頑丈なのである。それを象はものともせずに食う。キリンも、緑色のちょっとアワビの腹ワタを長くしたような舌で、アカシアの枝の先を器用に巻いて食べる。見ているこっちが舌を巻く。

ケニヤでは「象の糞をゴムサンダルやスニーカーで踏むな」と言われた。糞の中にアカシアのトゲが含まれていて、足の裏に突き通るのだという。

こんな強靭なトゲを呑み込んで、それがそのまま出てくるとは、象の胃腸はいったいどうなっているのだろう。

今日は風に乗って上空を飛ぶのだというから、防寒衣を着てきたのだが、風は別に感じられず、寒くもない。つまり風に乗ってというのは、風と同じ速度で移動する、ということになり、このゴンドラの中は結果として無風状態になるわけなのだ。

そういう基本的なことも知らない私は、そもそも、もし万一事故が起きたら死なねばならぬ、こんな乗り物は、飛行機も含めて大嫌いなのだが、因果なことに乗ってみると結構楽しい。何とも気宇壮大、気分爽快である。

朝日を浴びてカモシカのたぐいが群れをなして歩いている。キリンがゆっくり、ゆっくり歩いていくが、世界一の大股、というより、竹馬に乗って歩いているような具合であるから、こうして上空から見ていてもずいぶん歩みがはかどる。地平線まで続いている枯れた褐色の大草原に、我々のバルーンの影が映っている。それが斜めからの光線を受けて長く伸び、感嘆符のように見えるのであるが、その一方でそれは、私自身の心中から飛び出した大きな、大きな感嘆符のようにも思われた。

地上で草原を見渡した時は、一面褐色のただの草の原だと思っていたのだが、こうして上から一望すると、いたるところに土塁が築かれ、縦横無尽に獣道のようなものが走っている。土塁は哺乳類か虫が築いたものらしい。

かつてのヴェトナム戦争の時には、ジャングルの地平に、総延長何百キロにもわたって狭いトンネルが掘られ、まるでモグラの穴のようであった、と聞いたことがあるけれど、この草原もマングースの仲間がやたらに多いところを見ると、ものすごい数のマングースのヴェトコンが地下をあちこち、右往左往しているようである。

巨大なシロアリの蟻塚も、イボイノシシやツチブタに掘り返されて、連中の棲み心地のいい巣穴になっているらしい。ただの草原などではない、地下に昆虫と獣たちの複雑きわまる巨大都市があったのだ。

国立公園の中を、ガイドの案内で車に乗って移動するのである。その草原の真っただ中にいると、アフリカの生物の色はアフリカの土の色を基本にしている、とつくづく思う。そのあたりにたくさんいるスズメの仲間と、レインボーアガマというトカゲとが同じ色調を持っているのだ。両方とも地色にひと刷毛《はけ》、赤と紫の彩色が施されている。

私が訪れたのは乾季だったのであろう、草は皆枯れ、あたり一面褐色の大地に、ところどころアカシアの木が立っているばかり。どれも同じアカシアかと思ったが、『ケニヤの植物』などという本を見ると、このアカシアに何種類もあるという。

ガイドは決して車から降りさせてくれなかったが、たしかに、こんなところで感覚の鈍い人間がぼんやり佇んでいたりしたら、肉食獣の格好の獲物になる。

カモシカもチーターもジャッカルもライオンも、皆枯れ草の色で、まったく目立たない。ぼーっと立っているところに敵が忍び寄ってきてもこっちはまったく気がつかないだろう。

そしてはっと気づいた時はもう遅い、何しろ敵は一〇〇メートルを数秒で走るというような猛スピードの持ち主だから逃れようもあるまい。相手がライオンなら、前肢の一撃で首の骨を折られて楽に死ねよう。

それにしてもこの瞬間、この草原には、色にも、匂いにも、風にも、素晴らしい調和があると思った。

自然の描いた縞模様

ところで草原に群れをなす最も印象的な獣と言えば、たとえばシマウマであるが、誰でも想い浮かべるように、これはあたかも、白地に太い筆で、墨黒々と全身に縞模様を描いたような動物である。まるでサーカスか見世物のために、驢馬《ロバ》をあらかじめ全身にわたって白塗りし、顔から尻まで念入りに黒い縞だらけにした、あるいは手順はその逆でもいい。これほど大胆で思い切った鮮やかなデザインは、他の世界には見られない。誰か才能ある芸術家が、馬か驢馬を自由にデザインして見よ、と言われたらこんなものを思いつくであろうか。

ところが、西アフリカに産する大型の甲虫に、この同じ縞模様を持ったものがいるのである。それは、ゴライアスオオツノハナムグリという、世界最大のハナムグリの仲間で、その前胸（背中）部分には、まさにこの、大胆な縞模様が描かれているのだ。ゴライアスとは、旧約聖書に出てくる巨人ゴリアテの名の英語読みであるが、この仲間には、ゴリアトゥス（*goriathus*）、メレアグリス（*meleagris*）、レギウス（*regius*）、カキクス（*cachicus*）と、特に大型のものが四種あって、それぞれ翅鞘《ししょう》の色と模様は違っているけれど、前胸の縞模様は共通しているのである。

ゴライアスオオツノハナムグリが初めてヨーロッパにもたらされたのは、十八世紀のことで、ロンドンの金銀細工師で虫好きのドゥルー・ドゥルーリーという人物が大金を支払って手に入れた。それはコンゴ河の上流から水面を流れてきた個体であったという。そしてそれこそ、アフリカがまだ暗黒大陸と言われ、奴隷商人ぐらいしか、奥地には入らなかった頃のことである。当時はもちろん、きわめて稀なものと思われていた。ちなみにドゥルー・ドゥルーリーは、高価な虫を買い、それを豪華な彩色図版にして出版したために破産したということである。

私が初めてこの虫に関する記事を読んだのは、小学校の四年生の時、詩人で愛鳥家として知られた、中西悟堂の『昆虫界のふしぎ』(ポプラ社)という子供用の読み物であったが、それには「現地人がこの虫の蛹《さなぎ》をスープにして食べてしまうので、絶滅しかかっている」と書いてあった。

それ以来長い間憧れていたこの虫の名を昆虫商のリストに見つけたのは、中学生時代であった。もちろん、中学生にはとても手の出ない値段であったけれど、それでも「お金さえ出せば手に入る時代になったのか……」と、中学生ながらに感慨を持った。やがて、日本経済が高度成長期を迎え、生活が向上し、日本にもいずれ外国の珍しい昆虫標本がどんどん入荷するようになるのだ、という感覚を子供でも持っていた頃の話である。

ゴライアスの仲間は、その巨大さから想像されるほど稀なものではなかったらしい。一〇年ほど前、「クロード・ナチュール」という、パリの標本商の店で虫屋が集まって雑談をしていた時、談たまたまこの虫におよぶと、その場にいた、狩猟好きで、アフリカ生活の長かった男が、「この甲虫、発生期にはいっぱいいいるよ」と言った。自動車で走っているとフロントガラスにがんがんぶつかって来るほどいる、と言うのである。この種の話はたいていてい割り引いて考えなければならないが、たしかに、私も中央アフリカ共和国のある標本商から、この甲虫を何十頭も、大きな箱いっぱい受け取ったことがある。ガソリンにでも漬けて殺したらしく、箱を開けるとむっと油臭い臭いがした。これらはいっせいに羽化するのであろうか。こういうハナムグリの仲間は幼虫時代を腐植土の中や、腐朽して、いわゆるフレーク状になった木の幹の中で過ごすのだが、こんな大型の甲虫が大量に育つためにはよほどの巨樹が立ち並んでいるところがどこかにあるのだろうと想像した。

右に述べた四種のゴライアスのうち、特にゴリアトゥス・ゴリアトゥス（*Goriathus goriathus*）をよく見ていると、前胸の縞模様と、翅鞘のビロードのようなチョコレート色の組み合わせが、まさに、コンゴはイトゥリの森の珍獣、オカピの体色そのものであることに気がつくであろう（口絵・図10）。チョコレート色なしの、縞模様だけ、ということになれば、この巨大なハナムグリの前胸に描かれているのはシマウマの縞そのものである。甲虫と獣の色彩が同じ組み合わせだ、などと言っても、なーに、そんなの単なる偶然さ、と言われるかもしれないが、地球上の他の地域にこの色の組み合わせの生き物は見られない。そして同様の例はアフリカにおいては他にも見られる。つまりこれもアフリカンカラーなのである。

たとえば、アフリカで最も種類数も多く、特色あるタテハチョウといえば、フタオチョウの仲間であるが、この蝶の翅の裏面はいずれも複雑な縞模様であって、これをよくよく見れば、やはりシマウマのそれと同じなのだ。そしてその表は、マサイ族などの楯の模様にそっくりである（口絵・図11）。

あるいはまた、古代エジプトの壁画やパピルスに描かれた人物の顔には、特に目のまわりに、濃い隅取りが施されている。これがチーターの顔にそっくりなのである（口絵・図12）。こういう場合、「そりゃ、マサイが楯に色塗る場合に、そのあたりにたくさんいて、子供の時から見慣れている立派な蝶の翅の模様を参考にしたんだろう」とか「エジプトの王族などは、狩りの猟犬のようにチーターを飼っていたというから、それを参考に化粧をするということもありうるよね」などと言うこともできよう。しかしそれ以上に、同じ土地に住み、同じ日の光を浴び、同じ植物を食べていれば、自然に同じデザインの体色になったり、人間なら同じものを作りだすようになったりする、と考えることもできるのではないか。つまり、人も動物も同じ趣味、趣向になるのである。そしてそれが、その土地において、他の生き物らとの摩擦を避けるための、ごく自然なことなのではないか。

大陸移動説の生きた証

東アフリカの大陸とはモザンビーク海峡をはさむ海上に位置する、世界第四の大島マダガスカルには、しばしば世界最美の鱗翅目《りんしもく》と言われるニシキツバメガが分布している。その名のとおり、これは蛾の一種なのであるが、昼飛性、つまり、昼間、喬木の上をキラキラ輝きながら舞い飛ぶのだそうである。そしてその同じ場所に、やはり昼間、樹上を舞い飛ぶサザナミニシキハナムグリが分布している。両者の斑紋を比較してみると、これが、平らな蛾の翅と立体的なハナムグリの翅との相違こそあれ、ほとんど同じなのである（口絵・図13）。

さらにマダガスカルからはるか離れた南米には、ウラニアツバメガという、ニシキツバメガの近縁種がいるのだが、こっちの方が、ニシキツバメガの方よりもっと、マダガスカルのハナムグリに似ている。これこそ、ウェゲナーの大陸移動説に生きた証拠をもうひとつ付け加えるものではあるまいか。

第二部 人の世界

第五章
美しい誤解

四国の宇和島に行った時のことである。夏目漱石の『草枕』に出てくる頼山陽旧蔵の、蜘蛛の形をした端渓の硯を、その地の旧家の人が持っていると聞いて見せてもらいに行ったのだが、思いのほかに歓待されて、料亭というか、料理旅館のようなところで御馳走になった。食事が済んでいい気持ちでいると、一段高い舞台に若い女の人がしずしずと登場した。緑の袴に鉢巻きのものものしい男装である。顔を見れば先ほどまで我々に給仕をしてくれていた女性ではないか。着物を着替えてきたらずいぶん感じが違う、と思ったが、右手に抜身の大刀を持っている。そして、

せん～り～、うぐいす～ない～て～、み～ど～り～くれないに～えいず～

と唄いながら、舞い始めた。詩吟に剣舞ということのようである。詩は杜牧《とぼく》の「江南春《こうなんのはる》」だ。中学の国語の教科書に出ていたから、誰でも知っている。日本で最も有名な漢詩の一つであろ

う。これはあちらでもよく知られた作だろうと思われるが、一般に本場中国で好まれている漢詩と日本人の好きなそれとはかなり違うというか、ずれがあるようである。全文は次のとおり。

江南春

杜牧

千里鶯啼緑映紅
水村山郭酒旗風
南朝四百八十寺
多少楼台煙雨中

千里鶯《うぐいす》鳴いて緑くれないに映ず
水村山郭酒旗の風
南朝四百《しひゃく》八十寺《はっしんじ》
多少の楼台煙雨の中《うち》

詩の内容から言うと、白刃をかざして踊るような勇壮なものではないように思うけれど、男装の麗人のゆっくりと舞う姿を見ていると眼前に、春の景色が広がるような気がした。

広々と眺望が開け、鶯がホーホケキョとしきりに鳴いている、水辺にも山麓にも村が点在し、いかにものどかな春である。新緑に赤い花が点々と咲き、「酒」と書いた小さな旗が風になびいている茶店を見つけて緑台に腰掛ければ、婆さんが、「渋茶でもどうですかいの」と勧めてくれる。

皿に載せられた団子を、ひとつつまんで、もぐもぐ食べながら遠くを見やれば、由緒ある、古い時代の五重塔がいくつも、細かい煙のような雨の中にぼーっとかすんでいる……。

我々は漱石の『草枕』の硯を見せてもらったばかりということもあって小説第二節の冒頭、「『おい』と声を掛けたが返事がない……」の場面を想い出した。

しかし、せっかくの詩吟、剣舞に水を差すようだが、この「鶯」という字は、日本のホーホケキョと鳴く、あのくすんだ緑色（鶯色ではない。現今の和菓子などの鶯色は、むしろ〝鮮やかなメジロ色〟である）の小さな鳥を表すものではない。

漢和辞典を引いてみると、この字には「高麗鶯」という訳が当ててある。「かうらいうぐひす（コウライウグイス）」とはどんな鳥か。それはムクドリよりも大きいくらいの、全身鮮やかな黄色に、黒い模様のある華やかな鳥である。実際にこの漢字は上に火が二つも燃えているから、派手なものを表すに違いない。中に木があれば「榮（栄）」、虫が入れば「螢（蛍）」である。

コウライウグイスの仲間は、ユーラシア大陸や北米に棲むが、日本にはいない。大陸の鳥なのである。中国産のものの学名は、*Oriolus chinensis*《オリオルス・キネンシス》。フランスでは「ロリオ」、アメリカでは「オリオール」と呼ばれて、野球のチーム名にもなっている。他に小鳥の名を採ったのではカーディナルズというチームもあるが、こっちの方は真っ赤な鳥である。

フランス十九世紀の作家、ジュール・ルナールの『博物誌』にはこういう一編がある。

こま鶯

私は彼に云ふ――

「さあ、返せ、その桜んぼを、いま直ぐに」

「返すよ」と、こま鶯は答へる。

彼は桜んぼを返す。が、その桜んぼと一緒に、彼が一年間に嚥《の》み込む害虫の三万の幼虫も返して寄越す。

（岸田國士訳）

この鳥は特にサクランボを好むらしい。ルナールは地方の村長さんで農業にも詳しかったので、害虫と鳥の関係のことはよく知っていたのである。

雅楽の衣装

日本においても、鶯の字で表される大陸産のこの鳥のことを、雅楽を舞う人たちは知っていたようである。「春鶯囀《しゅんのうでん》」という大曲があるが、頭に鳥の形の冠を戴いた、その曲のための装束はきわめて華やかなものであって、とてもとてもくすんだ濃緑色の鶯色ではない。この技能集団の祖は大陸での鶯の実物を知る帰化人か何かだったのかもしれない（口絵・図14）。

私はシンガポールの市街地でこのコウライウグイスが木に止まって鳴きしきるのを聴いたことがある。それは、あたり一帯に響き渡る、何とも派手なフルートのような声であった。この鶯という字の解釈によって、詩の世界が一変する観がある。

杜牧の詩の舞台である江南の酒店に戻ると、腰の曲がった婆さんが渋茶に団子を出してくれるのではなく、ここではやはり酒が出る。酒はもちろん紹興酒である。罇《ひび》の入った、そしてその罇に長年の酒が茶色くしみ込んだ茶碗に紹興酒が注がれたりするのではないか。

酒の肴は豚肉の煮たものであろう。アブラナ科の菜っ葉も一緒に濃い味に煮込んである。見渡せば、はるか遠くに岩山が突兀《とっこつ》と聳《そび》え、風雪に耐えて曲がった松が生えている。そこにしがみつくように藁葺《わらぶ》きの人家。別の方角には水辺の村があり、小舟が繋がれていたりする。濃緑の中に点々と咲く濃い赤の花。高麗鶯が飛来するや、我こそはこの場の主役、とばかり鳴きしきる。黄と黒のその姿の鮮やかさ、声の華やかさ、まことに千里の里に響き渡るかと思われる。そして、前の王朝の、四角い五重塔ならぬ、六角、八角の塔がいくつも立ち並ぶあたりに、けぶるように雨が降っているのが見える……というのがこの詩の風景ではあるまいか。茶店の婆さんにホーホケキョのウグイス、というのはやっぱり日本の風景なのであって、大陸のそれとは違う。

どうやら日本人の好きな漢詩というのは、自分たちの花鳥風月趣味の琴線に触れるものが多いのではないかという気がする。

漱石は『草枕』の中で、こんなことを述べている。

苦しんだり、怒ったり、騒いだり、泣いたりは人の世につきものだ。余も三十年の間それをし通して、飽々《あきあき》した。飽き飽きした上に芝居や小説で同じ刺激を繰り返しては大変だ。余が欲する詩はそんな世間的の人情を鼓舞するようなものではない。俗念を放棄して、しばらくでも塵界《じんかい》を離れた心持ちになれる詩である。いくら傑作でも人情を離れた芝居はない、理非を絶した小説は少かろう。どこまでも世間を出る事が出来ぬのが彼らの特色である。ことに西洋の詩になると、人事が根本になるからいわゆる詩歌《しいか》の純粋なるものもこの境《きょう》を解脱する事を知らぬ。どこまでも同情だとか、愛だとか、正義だとか、自由だとか、浮世の勧工場《かんこうば》にあるものだけで用を弁じている。いくら詩的になっても地面の上を馳《か》けあるいて、銭《ぜに》の勘定を忘れるひまがない。シェレーが雲雀を聞いて嘆息したのも無理はない。

うれしい事に東洋の詩歌はそこを解脱したのがある。採菊東籬下《きくをとるとうりのもと》、悠然見南山《ゆうぜんとしてなんざんをみる》。ただそれぎりの裏《うち》に暑苦しい世の中をまるで忘れた光景が出てくる。垣《かき》の向うに隣りの娘が覗《のぞ》いてる訳でもなければ、南山に親友が奉職している次第でもない。超然と出世間的《しゅっせけんてき》に利害損得の汗を流し去った心持ちになれる。独坐幽篁裏《ひとりゆうこうのうちにざし》、弾琴復長嘯《きんをだんじてまたちょうしょうす》、深林人不知《しんりんひとしらず》、明月来相照《めいげつきたりてあいてらす》。ただ二十字のうちに優に別乾坤を建立している。この乾坤の功徳は『不如帰《ほととぎす》』や『金色夜叉《こんじきやしゃ》』の功徳ではない。汽船、汽車、権利、義務、道徳、礼義で疲れ果てた後《のち》、凡《すべ》てを忘却してぐっすりと寐込むような功徳である。

（夏目漱石著『草枕』岩波文庫）

漱石ほどの漢文の大家に、中学の国語の教科書でちょっと漢文を習った程度の私ごとき者が異を唱えるのは烏滸《おこ》がましいにもほどがある、というところだが、中国人の生《なま》の考えは漢詩に吐露されているのだろうか。あのあぶらっこい中国人が銭勘定を忘れるだろうか。漢詩にあるのは、あくまでもよそいきの、建前なのではないか。「菊を採る東籬の下、悠然として南山を見る」とか言って、いかにも隠棲し、清貧の生活を送っているようなふりをしていても、それは政争に破れた者の負け惜しみというようなことではないのか。あるいはまた、王之渙《おうしかん》の「千里の眼を極めんと欲し、更に登る一層の楼」などというのは、もう一段出世してやろうということではないのか。

ロンドンや東京で嫌な目にあった漱石を含む、お人よしの日本人は中国人のその建前を額面どおりに受け取って自分の理想を漢文、漢詩の中に勝手に読みとっているという気がしてならない。

フランス詩誤解の一例

同様に、日本人の好きなフランス詩の中にも、そういう風に日本的に解釈されたものがある。たとえば、ひと頃まで学生が暗誦していたヴェルレーヌの詩があり、これには上田敏の「落葉

（らくえふ）」という名訳がある。

秋の日の
ギオロンの
ためいきの
身にしみて
ひたぶるに
うら悲し。

鐘のおとに
胸ふたぎ
色かへて

涙ぐむ
過ぎし日の
おもひでや。

げにわれは
うらぶれて
ここかしこ
さだめなく
とび散らふ
落葉《おちば》かな。

秋の雰囲気を見事に詠った訳詞である。特に最後は俳句のように、ぴたりと着地している。この詩が上田敏の訳詩集『海潮音』として一冊にまとめて発表されたのは、明治三十八（一九〇五）年のことであるが、これを読んで、当時の読者、とりわけ若いインテリの青年男女は、どのような光景を思い浮かべたのか。

秋は、この日本では晴天の続く、一年中で最も快適な季節である。しかしそぞろに寂しくもある。秋を詠んだ和歌や俳句で、誰でも思い浮かべるのは、

秋きぬと目にはさやかに見えねども風の音にぞ驚かれぬる

とか、

柿くへば鐘が鳴るなり法隆寺

とかであろう。縁側で、猫を相手に日向ぼっこをしていると、秋の陽はつるべ落としで、寺

の鐘の音が、ご～んと響いてくる。誰でも多少は感傷的にならざるを得ない。「ひたぶるにうら悲し」という表現はまさにぴったりである。どこからか聞こえてくる、まだ珍しい西洋の楽器、ヴァイオリンを弾いているのは、白面の貴公子か、はたまたハイカラな女学生か。甘い、ロマンティックな気分でもある。

もう一度、今度は原文と共に対訳式に引用しよう。原詩を見ればこれがいかに奇蹟的な名訳であるのか、納得がいく。とはいえ、いきなりフランス語では申し訳ないから、人によってはうるさいと思われるかもしれないが振りがなを振っておく。

Chanson《シャンソン》 d'《ド》automne《オートンヌ》

Paul《ポール》 Verlaine《ヴェルレーヌ》

Les《レ》 sanglots《サングロ》 longs《ロン》
Des《デ》 violons《ヴィオロン》
De《ド》 l'automne《ロートンヌ》
Blessent《ブレッス》 mon《モン》 cœur《ケール》
D'une《デュヌ》 langueur《ランゲール》
Monotone.《モノトンヌ》

秋の日の
ギオロンの
ためいきの
身にしみて
ひたぶるに
うら悲し。

鐘のおとに
胸ふたぎ
色かへて
涙ぐむ
過ぎし日の
おもひでや。

げにわれは
うらぶれて
ここかしこ
さだめなく
とび散らふ
落葉かな。

Tout《トゥ》 suffocant《スュフォカン》
Et《エ》 blême《ブレーム》, quand《カン》
Sonne《ソンヌ》 l'heure《レール》,
Je《ジュ》 me《ム》 souviens《スウヴィヤン》
Des《デ》 jours《ジュール》 anciens《ザンシャン》
Et《エ》 je《ジュ》 pleure《プレール》;

Et《エ》 je《ジュ》 m'en《マン》 vais《ヴェ》
Au《オ》 vent《ヴァン》 mauvais《モヴェ》
Qui《キ》 m'emporte《マンポルト》
Deçà《ドサ》, delà《ドラ》,
Pareil《パレイユ》 à la《アラ》
Feuille《ファイユ》 morte《モルト》.

これがどうして詩であるのか、ついでに詩とは何か——とあらためて問われれば話が難しくなるけれど、ここには韻律というものがある。少なくとも脚韻を踏んでいる。その点は漢詩の場合と同じである。

ヴェルレーヌの原詩で言えば、たとえば最初の詩節《ストロフ》では、ロンとヴィオロン、ロートンヌとモノトンヌ、ケールとランゲールとなっている。ａａｂｃｃｂと脚韻を踏んでいることになる。以下の詩節でもそのａａｂｃｃｂをちゃんと守っているのであるから、大した技巧と言わねばなるまい。

日本の定型詩の場合は七五調であったり五七調であったりする。韻律というものは、外国人にとってそれを感じとることは結構難しいが、脚韻となると、分かりやすい。しかし日本語で無理に韻を踏もうとすると、語呂合わせか、単なる言葉遊び、下手をすれば駄洒落になってしまう。と、言ってすぐ例に挙げるのは在原《ありわらの》業平《なりひら》に失礼だが、『伊勢物語』に有名な歌がある。

からごろも　きつつなれにし　つましあれば　はるばるきぬる　たびをしぞおもふ

各句の最初の一字だけを読めば八橋の「かきつばた」となるわけで、これなどは上手いことは上手いけれど、雅《みやび》な言葉の遊びにすぎないとも言えよう。もちろん、『伊勢物語』全体に漂う詩情《ポエジー》とは切り離しての話である。

ところでヴェルレーヌの詩の題名を直訳すれば、「落葉」ではなくて「秋の歌」ではないか。「落葉」と木の葉に焦点をしぼったのは上田敏の工夫である、ヴァイオリンをフランス風にギオロンとしたのも、雰囲気を出している。

これをあえて直訳すれば、

単調に繰り返す秋の
ヴァイオリンの
長いすすり泣きが
その懶《ものう》さで
私の心を傷つける

ということだが、これでは詩にもなにもならない。

上田敏は、原文の脚韻のかわりに、「秋の日の／ギオロンの／ためいきの」と「の」で韻を踏み、しかも「ひたぶるにうら悲し」と実に見事にキメている。

で、「秋のヴァイオリン」とは何であろうか。誰かがヴァイオリンを弾いているのか。そうではあるまい。

ヴェルレーヌがこの詩を書いたのはパリ、少なくともフランスである。この頃彼はまだ外国は知らなかった。

それで、パリの秋は、というか automne《オートンヌ》 とはどんな季節か。

フランスの国土は緯度の高いところに位置する。日本最北端の宗谷岬の緯度はフランスの真ん中ぐらい、パリはサハリンあたりにある。それがサハリンより暖かいのは、メキシコ湾流という暖流のおかげなのだが、いわゆる地中海性気候のために、夏は太陽が照りつけて乾燥し、公園などで寝たりすると――追い出されるけれど――冬は凍死するぐらい温度が下がる。

秋はその夏と冬のあいだの、ほんの短い、つかの間の季節なのである。冷たい北風が単調に、ビュービューと無慈悲にいつまでも吹いてやまない日がある。

ヴェルレーヌとほぼ同時代の詩人、ボードレールがこれよりさらに凄絶な秋の詩を書いている。比較のため、というわけでもないけれど、そのIをここに引用する。題名はChant《シャン》 d'automne《ドートンヌ》（秋の歌）である。

秋の歌

シャルル・ボードレール

やがてぼくらは鉛のように沈んでいく、冷めたい闇のただ中に。
アディユ、短すぎたぼくらの夏のまばゆい光よ！
この耳に早くも聞こえてくるのは、中庭の敷石の上に落下して、
ガツーン、ガツンと響いてくる薪束の嫌な音。

我が身のうちに廻《めぐ》り来る冬のすべて――怒り、
憎しみ、戦《おのの》き、恐れ、無理強いされる数々の務め。
そして極地の地獄に堕ちた太陽のように、
ぼくの心はもはや　赤く凍った塊でしかない。

身ぶるいしながらぼくは聴く、一束また一束と投げ落とされる薪の音を。
火刑台を建てる音も、これほど陰に籠もってはいまい。
ぼくの心は、重い大槌の、執拗な打撃を受けて
ついに崩れ落ちる砦の塔か。

繰りかえす単調な響きはこの身をゆする、それはまるで、
慌しく柩《ひつぎ》の蓋の釘を撃つ音。
何を葬ろうというのか？　――昨日は夏、今日はもう秋！
この不可思議な物音は鳴り響く、終わりの旅への、発進の合図のように。（拙訳）

パリで詩人は安アパートに住んでいる。侘しい、古い汚い建物は、光を採り入れるためにロ

の字形に造られていて、石畳で固めた中庭がある。秋になると、煖炉で焚く薪が馬車で大量に運び込まれ、その荷を降ろす作業の音が下から聞こえてくる。冬支度である。エレベーターのない時代、上の階は家賃が安く、貧乏人が住んでいた。薪が一束、一束、馬車の荷台から投げ落とされ、それが石張りの床と建物に反響してガツーン、ガツンと音をたてるのである。

間もなく冬が来る。冬はブルジョワにとっては美食やオペラや舞踏会のシーズンだが、貧窮の詩人は寒さにちぢこまって苦しい仕事をしなければならない。仕事は、たとえばエドガー・アラン・ポーの翻訳であったり、美術評論であったりと、苦しいわりに金にはならない。時が命を食う。秋は迫り来る窮死への一歩なのである。

フランスの秋とは違って、日本の秋は晴天が続き、時たま襲う台風を除けば、のどかで、一年中で一番おだやかな季節である。だから、「ひたぶるにうら悲し」と、甘く、感傷的な気分に浸っていられる。我々は「秋」という言葉を聞けば、それにまつわるイメージが心中に湧くように連想されて、すっかりそれに取り込まれてしまう。同様にフランス人は automne《オートンヌ》 と聞けばその世界に入ってしまうのである。その二つの世界の、わずかに重なった共通の部分で、翻訳というものが成り立つわけである。上田敏の「落葉」の風景の中に吹く風はごくおだやかなものだが、ヴェルレーヌの原詩の中の風は、まもなく訪れる厳冬の前ぶれであって情容赦がない。

秋の日のヴィオロンの「ヸオロン」はあくまでも比喩であるが、「しつこくいつまでも、単調に繰り返す、そのすすり泣きのような音が、作者の心（心臓）を傷つける」ということである。ここには、さっき言ったように「ひたぶるにうら悲し」にあたるものがないのも道理で、ヴェルレーヌを取り巻く風土は、そしてどうやら人間関係も、そんなに甘く感傷的なのではない。びゅーびゅー吹きつける北風が文字どおり詩人の心身を責めさいなむのである。automne《オートンヌ》は、秋は秋でも、ものが違う。それゆえボードレールの「秋の歌」も、不吉な音の響きと、迫り来る死の恐怖に満ちているわけである。

再びヴェルレーヌに戻って、右のような事情を踏まえながらヴェルレーヌの「秋の歌」について〝風土的に正しい〟訳を試みると……と、言ってはみたものの、「秋のヴァイオリン」ではいかにも語調がよくないから、最初の部分はどうしても「秋の日のヴィオロンの」とせざるを得ない。元の詩が短ければ短いほど、言い換えの余地が少なくなる。しかし、しかし、「秋の日の」と言うと、やはりうららかな日本の秋になってしまうだろう。だから「日の」はやむを得ずトルとして、次のように訳してみた。

秋の歌

ポール・ヴェルレーヌ

秋のヴィオロンの
啜《すす》り泣きの
しつこく　吹きつのる
無情　懶さ
心中に　つのる
悲痛さ

鐘の音に
はっと驚き、
息もできず
顔は青ざめ
昔のことを想い出せば
涙はとまらず。

そして　この身は
悪意ある

風の吹くまま
あちら　こちら
運ばれてゆく
さながら
死んだ　木の葉。

「死んだ　木の葉」とはまた妙な表現で、「枯葉」の誤訳ではないのか、と言われるかもしれないが、この部分について篠沢秀夫氏による次のような指摘がある。「死んだ木の葉」というのはそれに倣《なら》ったものである。つまり、feuille morteは、普通「枯葉」のことだが、ここではfeuilleとmorteの間に区切りがあって、「死んだ」ということが強調されている、というのである。

……もちろんヴェルレーヌもわざとやっている。à laと言って、上の行のDeçà delàの[-la]と合わしたわけですね。これはだから、下手な詩人がやると、韻を合わせるために苦し紛れにめちゃくちゃやったということになっちゃうんですね。

このlaが、前に残って、Feuille morteが次の行の頭に来る「句またぎ」になってるということで、さっき言ったFeuille / morteという非日常的な、ぶつ切りの読み方が可能になりますね。というより、そのように、feuilleとmorteを切り離すことを強制していますね。だから逆に言えば、このlaでぶつ切りしたことによって、morteにハイライトがいくということですね。死のイメージを導入しているということになります。だから本当によくできた詩ですね。（……）

したがって、ここでは、そのようにFeuille morteは、日常語では／feuille morte／となっているのを、これはPareil à laで切るという、異様なことをやったんだから、Feuille／morteと言うべきなんですね。そうすると、morteと言うときに、葉がバタッと落ちて、死んじゃう、こういうことになる。

これはそういう意味では絶品ですね。非常に、初期の作品ですが、完成度の高いものですし、ヴェルレーヌの後年の主張、〝何よりも音楽を〟というのがここですでに実現されているという恐るべきものですね。

しかも、滅びの予感と失われた平和を思う痛悔という基調音がここには全面的にあらわれていますが、この詩の書かれた時期には、実生活上で苦悩やメランコリーを引き起こすような事件は何もない、健康な、若さに満ちた生活をしているときです。逆にいえば、特定の悩みでなく、青春特有のあてどのないメランコリーを歌い上げたところにこの詩が広く愛されたことの原因があるといえますね。けれど全世界的に知られるようになったのは書かれてから30年もあとの1890年代になってからです。

（篠沢秀夫著『篠沢フランス文学講義Ⅱ』大修館書店）

ところで野暮な話を続けると、この落ち葉にしても、樹種がやはり違う。日本で落ち葉と言えば、それは一般に、サクラや紅葉、市街地ではイチョウを思い浮かべることが多いのではないかと思われるが、一方、パリではそれは、マロニエかプラタナスであろう。サルトルの小説『嘔吐』の主人公が見つめた、黄色く枯れた、がさがさした大きな葉を思い浮かべるべきではないか。

ヴェルレーヌが書いたのは、甘く穏やかで感傷的な、日本の秋の心象風景とは別の世界である。それを上田敏は見事に日本的、俳諧風の世界に転換して見せたのである。ヴェルレーヌの原詩では、最後に来るのはmorte（死んだ）という語であるが、訳詞では、「落葉かな」と止めている。ここでは日本人の接写レンズ的な眼で、一枚の枯葉に焦点が当てられ、クローズアップで終わるのである。

第六章
日本に風景画はあったのか

日本人の眼は風景を見ていなかった

風景を見るということは、少なくともあたりを見回し、遠くを見渡すことである。したがって風景画とは、遠景、近景をしっかり把握し、それを絵に描いたものでなければならない、とはしごく当たり前のことだが、そういう意味では、かつて、日本に風景画は存在しなかったことになる――などと素人がいきなり変なことを言うと、まさか、そんなことはないだろう、室町時代に雪舟がいたし、江戸時代なら、歌川広重、葛飾北斎と、優れた風景画家がいるじゃないか、とたちどころに反論される。私もずっとそう思っていた。

絵巻物と山水画

日本の人物、風景を描いた絵画、たとえば平安時代末期に描かれたという「伴大納言絵詞」「源氏物語絵巻」のような絵巻物や江戸時代の合戦図屏風では、俯瞰図的に人物や建物などの

図15　雪舟「山水長巻」（部分）　日本にこんな風景があるだろうか

細部が描かれているけれど、場面と場面のつなぎ目は、雲か霞のようなもので、言葉は悪いが、適当にごまかしてある。これらは、風景画と言うよりは、今の漫画の祖先形に相当するものであろう。

そんな具合で、風景画と言えばまず雪舟の名を挙げることになるわけだが、雪舟の「山水長巻」は本当に風景描写なのであろうか、という疑問が浮かぶ。

たとえば雪舟が写生帖を持ってのこのこ山野にスケッチに出かけたとして、日本のどこに行けばあんな風景が見られるのか。そもそもあんな、太湖石《たいこせき》みたいな穴だらけの石とか、岩から老松の生えた、奇岩奇勝の風景が日本のどこかにあるのか。童子に荷物を担がせて山道を行く人物は驢馬に乗っている。明らかに唐土の人、それも宋代あたりの身なりをしているではないか（図15）。

右のような疑問を私が抱いたのは、実を言うと小学校五、六年から中学にかけてのことである。ここで、「いささか私事にわたるが」、などと古めかしい前置きをしなければならないところだが、その頃「岩波写真文庫」という叢書があって、もちろんカラーページなどはない時代だから、水墨画にはぴったりであった。そしてその一冊に「雪舟」が入っていたのである。それを私は繰り返し眺め、母から半紙をもらっては墨を磨って模写した。

岩は太目の小筆に濃い墨をつけてぐっぐっと強く輪郭を描き、次に薄墨を用意しておいて筆の腹で刷毛のようにさっとこする。そこに苔のようなものを点々と打つ。それで水流に刳《えぐ》られた岩の感じが出た。岩の上にはひねくれた松。腰が曲がり杖を突く老人が山道を行く。その後ろからは、何かを捧げ持つ童子。そんなものをまねして描いて遊んでいた。

エンピツで、クロッキーなどという描き方を教える学校の美術の先生に反抗するような気持ちも多少あったかもしれない。小学校でも、中学校でも、美術の教師はなぜか小肥りの長髪で、妙に左翼がかったことを言う人であった。自分に主義主張があるらしく、生徒に自由に絵を描かせない。同級生の一人を教壇の椅子に座らせて、わざとふるえる線で醜く描け、などと指導する。そんな授業が嫌であった。

和紙に墨がにじむと、大人びた、というより老成したような味が出る。ちょうど『聊斎志異《りょうさいしい》』やら『遊仙窟《ゆうせんくつ》』やらを読み始めていたから、雪舟のまねごとは私の〝支那趣味〟を満足させた。

そしてその楽書きをありがたくも親馬鹿の父が表具屋に出したりしたから、まだうちのどこかに残っているかもしれない。

後に雪舟のことを少し調べてみると、これは絵描きというより画僧なのであった。幼少時から禅寺で当時の一流の師について絵を習っているのだという。日本国中を巻き込む大乱が始まって間もなくの応仁二（一四六八）年に遣明船に乗って彼の地に渡った時は既に四八歳。「人間五十年」と言われた時代のことであるから、初歩から学びに行くというのではもはやない。日本に伝来した大陸の作品を見て、あるいは先輩の画僧らから学んだことが、どの程度あちらで通用するか、確認し、腕試しするような気分だったのではないか、と想像する。そして彼の地の風物を実際に見て、それがずっと自分の描いてきた画中の事物に、あまりにそっくりなのに驚いたのではあるまいか。本場に渡った雪舟は、実際にスケッチのようなことをしているが、それをそのまま描くのではなく、自分の中で造りかえて作品を構成している。

明代に貴ばれていたのは宋代、元代の作品だったらしいが、それらの絵の場合、風景をありのままに描くというより、風景をもとの材料として、精神世界を描こうとしたもの、それも理想郷にある人間の、精神的、哲学的世界を描いたもののようである。若い頃の雪舟は実際の風景ではなく、絵を見て絵を学んでいる。雪舟は、だから、日本画家ではなくて、日本出身ではあるけれど宋代の画家の一人、と言うこともできるかもしれない。ただし晩年の作品、「天橋立図」などには実景が写され、その一方で、南宋末期から元初期の画僧である牧谿《もっけい》のような、いわば〝草書〟の風景画も描いている。雪舟の後、彼の後継者と言われる画家、画僧が少ないのは、そもそも留学僧の数というものがいなくなったからであろう。いずれにせよ、雪舟の作を単に風景画と称することは出来ないと思うのである。

浮世絵は風景を切り取るデザインの面白さが身上

それでも日本には、北斎、広重の風景画があるではないかと言われよう。しかし、浮世絵といえばいかにも日本独特の絵画のようだが、これも初めは、西洋の絵の遠近法などにヒントを得ているのだという。明治のジャーナリスト、石井研堂が「遠近画法の始」に次のように書いていることはよく知られている。

本邦浮世絵師、豊広北斎などの描きし「浮世絵」なるものは、当時船載の蘭画等より、其遠近法の一斑を取り未だ精ならざるものなり……

（『増補改訂　明治事物起原　上巻』春陽堂書店所収）

また美術史学者、小林忠氏の『江戸の浮世絵』（藝華書院）によると、浮世絵の透視遠近法的表現はやはり、西洋絵画の影響を受けたものである。それから歌麿や写楽の描く役者や美人絵、いわゆる「大首絵」も、それまでの日本の絵にはないもので、西洋の肖像画に近いという。

日本画では全身を描くのが普通であった。それに日本の絵は縦に長いものであって、北斎の『富嶽三十六景』がすべて横絵の構図なのも革新的であったのだそうである。

しかし、浮世絵の画中では、遠近法も認められるけれど、私のような素人の眼にそれより顕著なのは、特定のもの、それもたいていは小さな物体に焦点を集中、拡大して、見る者を驚かせようとする傾向である。中でも広重や北斎の浮世絵にある〝風景〟は、オランダ人などの描いた、そのまま実用に使えるような、立体地図とも言える風景画とはまったく異なっている。たとえば、戦争をするとして、浮世絵のようにこんな遊び心いっぱいの絵では、作戦が立てられない。いや、日本にも鍬《くわ》形《がた》蕙《けい》斎《さい》の「江戸一目図屏風」（文化六〈一八〇九〉年）のように、実用にもなりそうな絵地図がある、という人がいるだろうが、蕙斎なぞはまさに、オランダの絵に学んだものではないか。

歌川広重らの浮世絵は、風景そのものを描いたというよりは、自然を題材にしながら、そのデザインの奇抜さ、切り取り方の鮮やかさ、斬新さ、を手柄とするものであろう。画面の真ん中には必ずひとつのものが、ほとんど接写レンズ的に大きく拡大、強調されていて、全体は後ろに、あるいはその余白に霞んでいる。

広重の『名所江戸百景』には特にそういう例が多数見受けられる。たとえば、ゴッホが摸写したことでも有名な、「亀戸梅屋敷」（安政四〈一八五七〉年）は、梅園の図とは言いながら、真ん中に一本の、臥竜梅とでも名付けられそうな曲がりくねった梅の大木の、それも枝の一部が画面のほとんどを占めていて、梅園そのものは、その余白に、わずかに見えるにすぎない。それらの〝主役〟は、邪魔と言えば邪魔で、そのために肝心の景色が見えないのである。

「四ッ谷内藤新宿」では、馬の尻と脚、そしてぼたり、ぼたりと地面に落ちている馬糞が邪魔。

「深川洲崎十万坪」では、鷲が邪魔。

「浅草金龍山」では門の真ん中の大提灯が邪魔。

「深川万年橋」では、吊り下げた亀が邪魔。

「水道橋駿河台」では、鯉のぼりが邪魔……と、数えきれない（図16）。

北斎においても『冨嶽三十六景』に描かれたそれぞれの富士山の小さいこと！　このシリーズでは、富士山が主役ではなかったのか、と言いたくなる。

こういう、いわば接写レンズ的なイメージの奇抜さは、日本人の作った漢詩の世界にもある。たとえば、江戸初期の漢詩人、石川丈山の「富士山」は次のようなものである。

富士山

石川丈山

仙客来り遊ぶ雪外の嶺《いただき》
神龍栖《す》み老ゆ洞中の淵
雪は紈素《がんそ》の如く煙は柄の如し

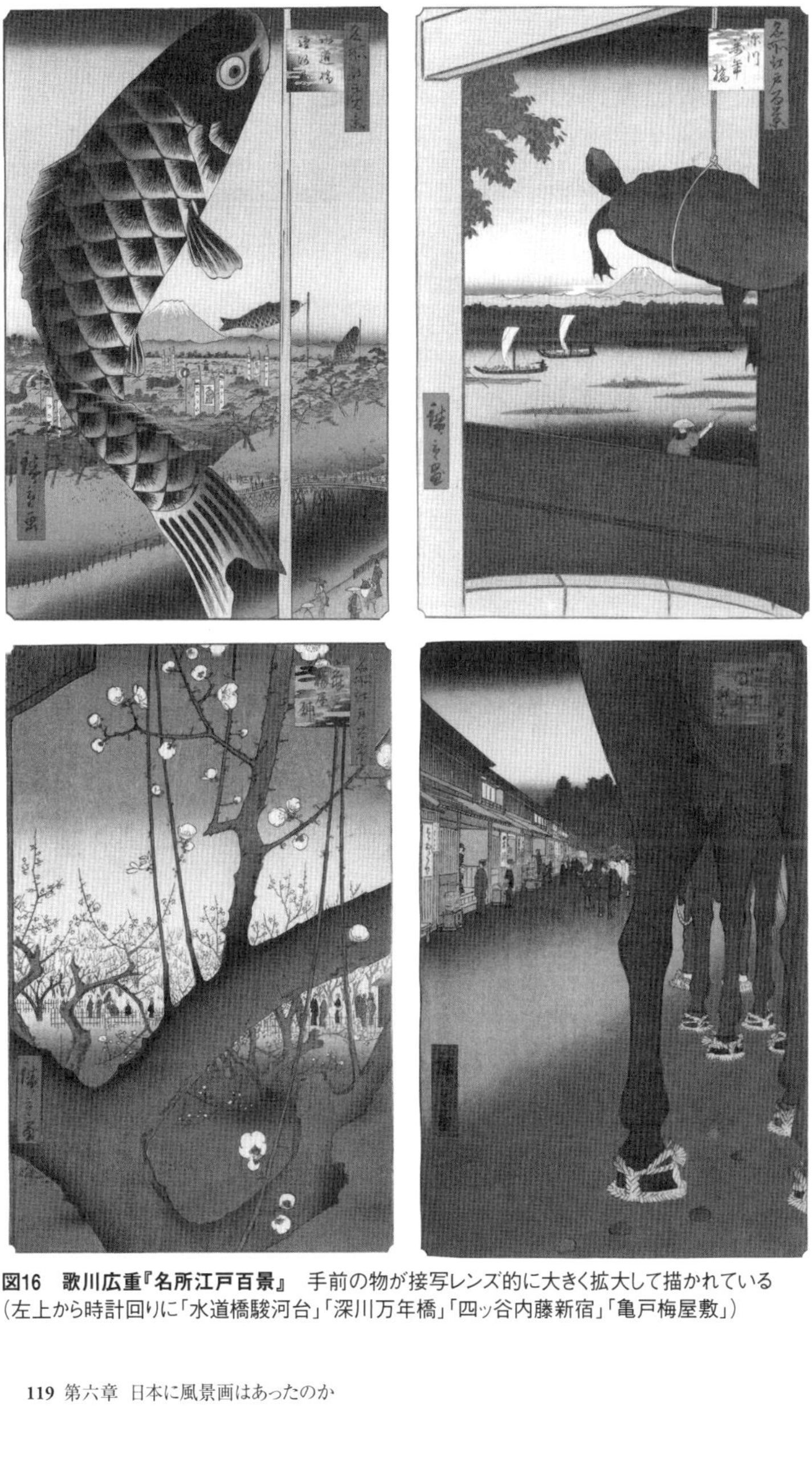

図16　歌川広重『名所江戸百景』　手前の物が接写レンズ的に大きく拡大して描かれている（左上から時計回りに「水道橋駿河台」「深川万年橋」「四ッ谷内藤新宿」「亀戸梅屋敷」）

白扇倒《さかしま》に懸《かか》る東海の天

ここで丈山は、富士山を巨大な白い扇にたとえている。富士山が、まだ噴煙を吐いていることである。それを扇にたとえ、それもさかさまに空に引っかかっている、と表現して、その大胆さで、人をあっと言わせようという趣向なのである。これらを単に風景描写のうちに分類することは妥当ではあるまい。

西洋の芸術的侵略

こんなふうに、素直に描いた風景画というもののあまりなかった日本に輸入された、まるで写真のように写実的な西洋画、たとえばエッチングや油絵は衝撃的なものであったに違いない。

西洋の絵が日本に入って来た時のさまざまな反応のうち、見事なのは、先述のとおり浮世絵師らのそれである。彼らの中には、西洋画と正面衝突することなく、いわばさらりと身をかわしながら、その一方で、風景を描く時には、遠近法はさりげなく自分の作に取り込み、肖像画を描く時でも、西洋にヒントを得て、「大首絵」のようにごく自然に描きかえていた者たちがいたわけである。

もちろん、浮世絵師たちには、絵師としての意地はあっても、日本文化を背負って立つというような責任感は特になかったであろう。北斎とか、蕙斎とかと名乗る彼らの身分はそれほど

図17　司馬江漢「不忍之池図」　エッチングの洋風表現で不忍池の風景が細密に描かれている

高いものではなく、本人も絵を描く時、後の時代の美術家のように芸術作品を創っているという意識の特にない、ごく庶民的な人たちであったと思われる。何より浮世絵そのものが安価なものであった。一枚二十文だというから、今の週刊誌一冊くらいの値段だったのである。

ところがその一方で、そんなふうに巧妙に、そして無理をしないで西洋の要素を換骨奪胎するのではなく、愚直に、これとぶつかるように接した人々がいた。

すなわち、平賀源内はドドネウスやヨハン・ヨンストンなどのオランダ博物書の精密な絵を見て感心し、秋田佐竹藩の小田野直武を指導して『ターフェル・アナトミア』の挿絵を模写させたし、油絵の肖像画を見て、自分でもそれを試みている。

幕末の司馬江漢は、エッチングの技法を研究して、自称のとおり、日本最初のエッチング画家となり、不忍池《しのばずのいけ》などの風景を描いている（図17）。酒井忠康氏の『覚書　幕末・明治の美術』からの孫引だが、西洋の博物書や医学書に感心した司馬江漢は、その著書『西洋画談』に次のようなことを書いているという。

西画の法に至りては、濃淡を以て陰陽凸凹遠近深浅をなす者にて、其真情を模せり。文字と用を同ふする事、文字を以て誌すと雖《いえども》、其形状に至りては、画に非ざれば之を弁じがたし。故に彼国の書籍は、画図を以て説き知らせるもの多し、豈《あに》和漢の画の如く、酒辺の一興翫弄戯技をなすの比ならんや、真に実用の技にして治術の具なり。

（酒井忠康著『覚書　幕末・明治の美術』岩波現代文庫所収）

和漢の絵画を「酒辺の一興翫弄戯技《がんろうぎぎ》」とはまたずいぶんな言い方であるが、たしかに鍬形蕙斎や河鍋暁斎のように、いかにも筆をさらさら走らせたような達者な絵には、そう言われても仕方のない部分もあるであろう。

ずっと後になっても「付け立て」などというものがあった。それは鳥や植物はこう描く、と、実物を見ないでそらで描くことを練習するためのお手本であって、私の所持している版本は、上野の美校で使われていた川端玉章筆になるものだが、なるほどこうやって練習しておけば、料亭などに招かれ、酒席で画帖を出されて「先生おひとつこれに揮毫《きごう》してくださらんか」などと言われた時に素人を感心させるくらいのことはできるであろう。少しぐらい酔っている方がかえって勢いがあっていいのかもしれない。

司馬江漢は、こういう絵とくらべて蘭画の精密さに感動した。彼としては細かい線で精密に、人体内部や、動植物を描写したエッチングの方が、たしかに「画図を以て説き知らせる」という目的から言えば実用価値が高い、と思ったのであるから仕方がない。

豆腐と油揚げの静物画《ナチュール・モルト》

江戸幕府の開成所画学局に勤める高橋由一は、西洋画というものを知って衝撃を受け、イギリス人の画家チャールズ・ワーグマンの押し掛け弟子となるのだが、その時彼はもう四〇歳に近かった。その作品はちょんまげを結った自画像にしても、鮭にしても、異様な迫力である。ただ、異文化に接するのはやはり一〇代のうち、遅くとも二〇代初めぐらいまで、でなければ、なかなかそれがその人の血肉とはなりにくいもので、高橋の絵は油絵具を使ってはいるが、西洋人の描いたものとは異質であることが一目で分かる。

彼の作品ではもちろん花魁《おいらん》や鮭の絵が有名であるが、その他の静物も異様で面白い。その題材の中には、豆腐と油揚げやなまり節などまで含まれている（図18）。

西洋には昔から nature《ナチュール》 morte《モルト》 というジャンルがあり、果物や狩りの獲物が描かれてきた。フランス十八世紀のシャルダンの作品などがとりわけ有名である。高橋は西洋絵画を本格的に

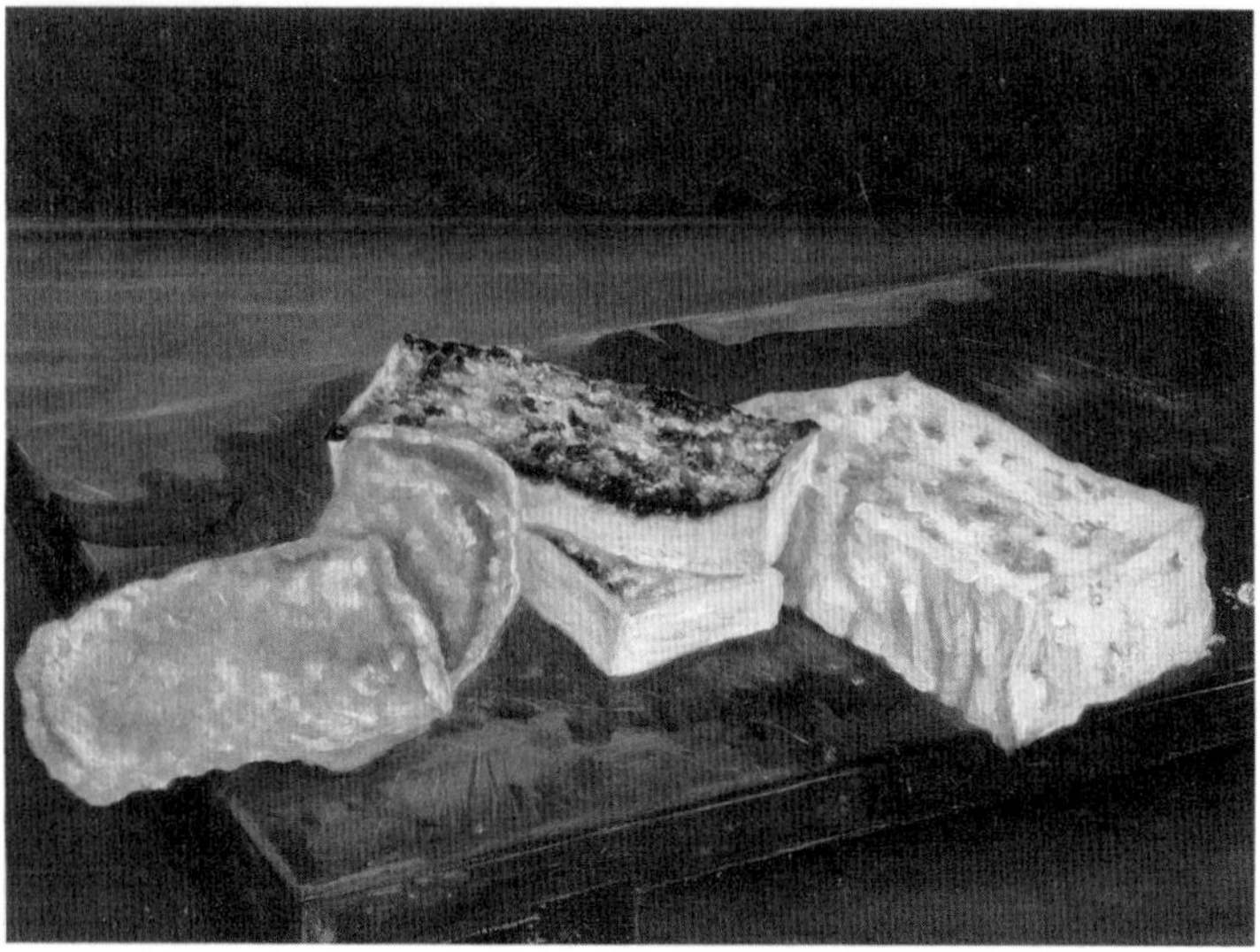

図18　高橋由一「豆腐」　油彩だが西洋人の描いたものとは明らかに異質で面白い

学びたかったのであろう、そのため静物画も描いているわけだが、自分の身近にあるものをこの方式で描いてみようとして、こんなものを選んだのである。

nature morteを「静物」とは、誰が訳したのか知らないが、日本式名訳であろう。とは言え、狩りの獲物などはたいてい、鉄砲で撃ち殺された結果静かになったのである。西洋人はその死んだ姿を綺麗だと思い、一種の装飾のように感じるらしい。西洋貴族の豪華な宴会では、しばしば雉や白鳥などの野鳥がそのまま飾りとして、いわば日本の、魚の姿造りのように料理の皿に盛り付けられていたようであるが、昔の日本では、狩の獲物の鴨や雉、鹿、猪等の死体、殊に四足獣のそれを座敷に持ち込むことは忌《い》んだようである。だからそれが絵の題材になることはなく、生きた姿、今で言えば生態図ばかりが描かれてきた。生き物の死体、つまりナチュールモルトの中、日本でもっぱら描かれたのは魚である。

明治になって、世の中がある程度落ち着くと、欧化政策の一環として、西洋美術を学校で教えるようになる。生徒たちは、油絵具や絵筆ならぬブラシを与えられて、少しずつその技法を学ぶことになるのだが、初めのうちは戸惑いの連続であったに違いない。西洋人のようなものはとうてい描けない、という時代が続いた。しかしもともと絵心のある、そして絵を描くことの好きな若者のうちから選ばれて画学生になった人々であるから、だんだんとそれらしく、ものになっていく。

文明開化の「安愚楽鍋」の時代、人々は、西欧的なものと日本的なものとの違いにひどく敏感と言うか、神経質であったようである。歌舞伎俳優のちょっとした仕草でさえ、「西洋だ」と評されたり（森鷗外著『渋江抽斎』）、あるいは「バタくさい」とからかわれたりしたようだが、実際に、衣食住のすべてにわたって西欧文化が、滔々《とうとう》と入り込んでくる時代の人々、特に若者の驚きと好奇心は今の我々の想像以上のものだったのではないか。

裸体画！

ところで、複製で入って来た西洋画の中にはとんでもないものがあった。たとえば、眩しいほど真っ白で豊満な女性の裸体の図である。本邦にも、もちろん春画というような極端なものはあるが、あれなどは客間に飾るようなものではない。人物の図でも襖絵や屏風に二十四孝などの人物と物語が描かれることはあったけれど、西洋の、大画面に油絵具を使って描いてある、あの露わな裸体の青年男女の何やら物語らしいものについて説明を聞いてみれば、古代ギリシャという国の神話であるという。

「西洋人は書というものを重んじないらしく、画面に字が書かれてないから話がよく分からんなあ。そしてその女の裸も、神話の登場人物を描いたものならよくて、近年展覧会で落選したクールべとかマネとかいう画家のように、今の人間を描いたものは猥褻だからいかんと言って非難されるらしいじゃないか。いずれにせよ、こんなものを客間や宮殿、はなはだしい場合には寺院に壁画として飾っているらしい。婦女子にも、それどころか子供の眼にさえ曝して得々としている西洋人というのはどうも分からん、とにかくけしからん。絵はやはり、安心して床の間に飾れるような、公序良俗に反しないものがいい……」ということになる。

ところが、黒田清輝が出品した裸体画「朝妝《ちょうしょう》」が問題になる。そしてこの事件を風刺したジョルジュ・ビゴーの戯画では、その絵に驚いて見入っている女の人自身が雨の中を歩いて来たらしく、着物の裾をたかだかと捲《まく》り上げている、西洋人から見ればその後ろ姿の方がよっぽどショッキングだ、というのである。この後一九〇一年には、裸体婦人像の下半身を布で覆う「腰巻事件」も起きている。当時の日本人は西洋式油絵の裸体には大騒ぎするくせに、本物の裸体は、街にも村にもありふれていたという。

渡辺京二著『逝きし世の面影』は、幕末、明治初年に来日した多数の欧米人たちの印象記、滞日の記録を丹念に読み、適切な引用をしながら考察を加えたありがたい本だが、その中の一章、「裸と性」の初めにこう書いている。

幕末来日した西洋人を仰天させ、ひいては日本人の道徳的資質さえ疑わせるにいたった習俗に、公然たる裸体と混浴の習慣があったことはひろく知られている。日本は、西洋では特殊な場所でしか見られない女の裸が、街頭で日常的に目にしうるという意味でも「楽園」だったのである。

ペリー艦隊に通訳として同行したウィリアムズは、一八五四（安政元）年の下田での見聞をもとに次のように断定を下した。「私が見聞した異教徒諸国の中では、この国が一番みだらかと思われた。体験したところから判断すると、慎しみを知らないといっても過言ではない。婦人たちは胸を隠そうとはしないし、歩くたびに大腿まで覗かせる。男は男で、前をほんの半端なぼろで隠しただけで出歩き、その着装具合を別に気にもとめていない。裸体の姿は男女共に街頭に見られ、世間体なぞはおかまいなしに、等しく混浴の銭湯へ通っている。みだらな身ぶりとか、春画とか、猥談などは、庶民の下劣な行為や想念の表現としてここでは日常茶飯事であり、胸を悪くさせるほど度を過している」。ウィリアムズは「この民族の暗愚で頽廃した心を啓示された真理の光が照らし得るよう、神に望み、かつ祈る」と日記に書くような、無邪気に傲慢な宣教師根性の持主だったから、日本の庶民のあけっぴろげな服装を、可能なかぎり歪曲して誤読したのは仕方ないことだった。だが、春画や混浴にこのピューリタンが嫌悪をおぼえたのはいくらか同情してよいだろう。

おなじくペリー艦隊に随行したドイツ人画家ハイネの場合、ピューリタニズムの眼鏡がかかっていない分、記述は淡々として客観的である。「浴場それ自体が共同利用で、そこでは老若男女、子供を問わず混じり合って、ごそごそとうごめき合っているのである。また外人が入って来ても、この裸ん坊は一向に驚かないし、せいぜい冗談混じりに大声をあげるくらいだった。この大声は、私が察するには、外人が一人入ってきたので、一人二人の女性の浴客があわてて湯船に飛び込んで水をはねかしたり、あるいは、しゃがみ込んだ姿勢で、メディチ家のヴィーナスよろしく手で前を隠すポーズをとったりしたからであるらしかった」。この記述ぶりからすれば、ハイネの方も一向におどろいた形跡はない。彼は日本人の「極端な綺麗好き」の例証として、入浴シーンを紹介しているにすぎないので、そういう素直な眼のせいでこの混浴情景は、ウィリアムズのいうような野放図な情欲にくまどられた堕落図ではなく、おおらかで自然な習俗としての性格を示すものになっている。

（渡辺京二著『逝きし世の面影』平凡社ライブラリー）

渡辺は他にも多数の証言を引用しているが、若いムスメが、突然、家の中から丸裸で走り出てきて庭先の風呂にざぶんと飛び込み、通りがかりの外国人の男に「オハヨー」と声をかけて笑っている、などという天真爛漫の光景が、今はもう見られなくなったのは残念である。

十九世紀の中頃から二十世紀初めは、キリスト教、特にピューリタニズムが、欧米人の精神の上に猛威をふるい続けていた時代であるから、宣教師らのこういう反応も決して奇異なものではない。何しろ、南太平洋の島々には、おおらかなその文化をすっかり破壊することを仕事というか、使命《ミッション》と心得るような人たちがいっぱい来ていたのである。逆に言えばヴィクトリア朝の英国などは性道徳に関してはそれこそ神経過敏の国で、たとえば椅子の「脚」という単語を聞いてさえ顔を赤らめる、または赤らめなければならないと思っている婦人までいたそうである。

しかし、そういう人たちの国が先進国であり、強国なのであるから、彼らに野蛮人と思われてはいけない。スタンダードはあちらにあるのだ。日本は豊かな文明国、と思われなければ、まともに付き合ってはもらえない。不平等条約の改正が急務の日本としては、軍事力のみならず風俗や美術の世界でも、鹿鳴館的努力を心がけたのであろう。しかし、暑い、湿気の多い日本の夏に、行水をしたり肌脱ぎになったりするのはごく自然なことであった。だから日本人はその当時の欧米の庶民よりずっと清潔な暮らしをしていたはずである。

そうは言っても、政府としては欧米人の目を意識せざるを得ない。電車の中での「太股《ふともも》お断り」のような張り紙もすべて欧化政策の方向に沿ったものである。一般庶民としては「このどこが悪いンでぇ！」と車掌や巡査に食ってかかりたいような気持ちであったろうが、致し方ない、というところ。

しかし、欧米でもヌードに関してはいろいろな偏見、感じ方があり、クールベやマネが苦労したのであった。同時代にナポレオン三世のお買い上げでお墨付きとなった、カバネルの「ヴィーナスの誕生」の方が、マネの「草上の昼食」や「オランピア」よりずっとエロティックである。もしギリシャ彫刻というようなものが古くから存在しなければ、あちらでも裸体芸術の成立は困難だったに違いない。

日本画科と西洋画科

日本の美術学校には、日本画科と西洋画科とがある。このことをどう思う、と訊かれたら、「そんなことは当たり前だ。画材が違うんだから」と誰でも言うだろうけれど、外国の美術学校にそういう例は少ないようである。日本ではどうしてこういうことになったのか。

西洋美術を学校で教えるようになっても、生徒たちはとまどいを覚えることがあったであろう。久米桂一郎、浅井忠、黒田清輝らの世代である。彼らはまず、西洋画というものに驚異の眼を瞠《みは》ったに違いない。油絵具やブラシを与えられてもどう描いていいか分からない。西洋人のようなものは描けそうもない、という時代がしばらく続いたはずである。

やがてその中から留学する者が現れて、まるで本物の西洋画のようなものを描くようになる。

それでもずっと日本にいては描けない。東京美術学校でも、「新帰朝の黒田先生などは、西洋で西洋人のモデルを使っておられたからあんな裸婦が描けたけれど、我々はどうすればいいのか。どうもさまにならん、というか西洋風の絵にならん……」というのが若い画学生たちの悩みではなかったろうか。

たとえばの話だが、黒田清輝が帰国したあと、何らかの理由で二度と再び、日本人画家の渡欧が許されなくなったとしよう。その理由は何でもよいが、日清、日露の戦争に日本が負け、不平等条約は解消されず、関税自主権のない、通貨も弱い弱小国として、外国に行くことなぞ思いもよらず、西欧で絵を学ぶ道が閉ざされるというような事態である。

その場合、ぼつりと残された黒田の作品は、あたかも応仁の乱などによって留学生の後輩を欠いた雪舟のそれと同じ扱いを受けることになったのではないか。黒田は一種の「画聖」となって敬まわれ、狩野派の人々が雪舟を崇めたように、黒田から日本独特の油絵のひとつの流派が派生する……というようなことにならぬとも限らない。そしてそれは、あの白馬会の画家たちをもっともっと日本回帰させたようなものであると思われる。

ミレー輸入のありがたさ

そういう時代の日本にミレーが輸入されたのはきわめて好都合だったに違いない。畑で働く農民を描いてそれが絵になるのである。「清国では山中の高士、仙人がよく描かれるが、ほう、西洋では畑の百姓か……」というのが、初めてジャン・フランソワ・ミレーの絵を見た日本の画学生らの反応ではなかったか。

ミレーの描いている農民の顔も表情も、逆光の赤土色で、ほとんど表情がない。これなら日本中どこに行っても似たような光景があるし、日本人に置き換えることができる。それまで洋画のまねをして、油絵の画材と技法で、室内、あるいは風景の中に日本人を置いて描いてみても、どうも違和感があった。とにかくさまにならなかったのだ。

ここで少し卑近な話をすると、昔、といっても、筆者が大学に入った五〇年ほど前、クラブ活動で流行ったものの中にＥＳＳ、イングリッシュ・スピーキング・ソサエティーというのがあった。先輩に誘われてその部室に行ってみると、日本人の学生同士で、変な身ぶりをしながら「ドンチュウ・シンク・ソウ?」「オー・アイ・シー」などと英語を喋っている。「うーむ、似合わん」と私は思った。

というより、背筋がもぞもぞして、聴いているのも恥ずかしく、その場にいたたまれない気がした。老人の昔話になってしまうけれど、我々の子供時代は敗戦後で、ハワイ出身の日系二世が幅をきかせていた時代である。その人たちがウクレレ片手にアロハシャツの裾をズボンからはみ出させてテレビなどに出て、ときどき英語まじりで喋る。それが真に軽薄な感じがしたのだが、その時感じた違和感のようなものが、一瞬蘇ってきた。それまで、映画などで見慣れたのはガイジンが英語を喋る場面である。日本人の顔をした人間が英語を喋るのは見たことがなかったのだ。

また、高校の社会科の教師に左翼ファンの人がいて、我々生徒を連れて新劇の役者の演ずるロシアの深刻な芝居を見に連れて行ってくれた。いわゆる〝赤毛もの〟で、これがまたヘンに西洋人もどきで、見ていて落ち着かないものなのであった。

西洋式の絵の道具を手に、慣れない油の匂いを我慢しながら日本人をモデルに、洋画を描くことを試みた明治の画学生たちは似たようなことを感じざるを得なかったのではないか、と思う。そして、いったい、我々日本人に洋式の絵を描くことは可能であるのか、やっぱり日本画の方が自分には向いているのかもしれないな、などと根本的なところで悩んだ若者もいたに違いない。

ところが、ミレーの流儀で日本人の百姓を描けばなんとなく〝泰西名画〟風になるし、しかもそれは日本そのものでもある。それになまなましい裸婦を描いたときのようにスキャンダルになる恐れもない。裸婦は日本神話の物語の中に昔々の衣装で登場させればなんとかなるから、それはそれでいく、ということになる。

工部美術学校にお雇い外国人として来日したフォンタネージが、フランスのバルビゾン派と交流があり、コローやミレーを尊敬していたから、その弟子の浅井忠らはさっそく複製を見て模写し、自分流に農民画を描いている。若き日の黒田清輝自身も、久米桂一郎も、藤島武二も、岡田三郎助も和田英作もミレーを模写している。

ミレーの本国フランスでも、彼のデビュー当時は、農村の風景や、貧しい百姓なんかを絵に描いてどうする、と言われたようであるし、「種まく人」の力強さは、一八四八年の二月革命以来、労働者階級が力を持つことを恐れるブルジョワジーに嫌悪感を与えたと言われている（たしかに、岩波書店のマークになっている「種まく人」の絵は日本のプロレタリア小説のカットによく似合いそうである。その点、同じように書店のマークになっていても、ラルース百科事典のアール・ヌーヴォー調の、女神がタンポポの種子を吹いている、どちらかというとブルジョワ的な図案とは好対照である）。

しかし無害な農民画は日本中に広まり、明治末年から昭和初年までの間に、全国に広まって、インテリ家庭の客間にも、医者の待合室にも飾られるようになった。林芙美子『放浪記』の第一部に、主人公が派出婦会から、薬学生の助手という仕事を紹介されて、その家を訪ねて行く場面がある。

——道を歩いている時が、私は一番愉しい。五月の埃《ほこり》をあびて、新宿の陸橋をわたって、市電に乗ると、街の風景が、まことに天下タイヘイにござ候と旗をたてているように見えた。この街を見ていると苦しい事件なんか何もないようだ。買いたいものが何でもぶらさがっている。私は桃割れの髪をかしげて電車のガラス窓で直した。本村町《ほんむらちょう》で降りると、邸町になった路地の奥にそのうちがあった。

「御めん下さい！」

大きな家だな、こんな大きい家の助手になれるかしら……、戸口で私は何度かかえろうと思いながらぼんやり立っていた。

「貴女、派出婦さん！　派出婦会から、さっき出たって電話がかかって来たのに、おそいので坊ちゃん怒ってらっしゃるわ。」

私が通されたのは、洋風なせまい応接間だった。壁には色褪《いろあ》せたミレーの晩鐘の口絵が張ってあった。面白くもない部屋だ。腰掛けは得たいが知れない程ブクブクして柔かである。

（林芙美子著『新版　放浪記』新潮文庫）

安っぽい応接間に、複製か、雑誌から切り取られた口絵が張ってある。それがそれこそ定番、というほどまでに、ミレーは昭和初年には日本に普及していたわけである。

浅井忠の絵画修業

幕末に生まれ、明治初年に西洋の画を学んだ画家の一人を例に取ってみよう。たとえば明治・大正時代に非常に好まれた洋画家、浅井忠である。彼は安政三（一八五六）年に生まれて明治四十（一九〇七）年に五一歳で死んでいる。この画家の一生における画風の変化が実によく時代を表していて、日本の大変革期に生きた、一人の、充分な才能があり、特に器用さの目

図19　浅井忠の図案　〈「春風」（左）、「花木」（右）〉
浅井は日本の伝統的な模様を
アール・ヌーヴォー様式で描いた

立つ絵描きの軌跡を示すものとして、非常に興味深い。

浅井は初め花鳥画を学び、先述のように工部美術学校ではフォンタネージに洋画を学ぶ。一九〇〇年、フランスに留学したが、師のフォンタネージはバルビゾン派と親しく、浅井もその教育を日本で既に受けていたから、まさに現地で、「グレーの柳」「グレーの洗濯場」など、バルビゾン派優等生の、油絵の風景を描いている。しかし、同じ時期に、絹本着色で「もろこしと鳳仙花」のような日本画を描いてもいるのである。内心、油絵だけでは何か飽き足らぬものがあったのではないかと思われる。

そしてまた彼が留学したのは、時あたかも一九〇〇年のパリ万国博覧会の時代であって、アール・ヌーヴォーの全盛期であった。アール・ヌーヴォーには日本の血が入っている。器用な彼にとってアール・ヌーヴォー式の作品を描くことは何でもなかったに違いない。日本の浮世絵に想を得たと言われるロートレックらのポスターを参考にし、琳派を想い浮かべ、日本の伝統的な紋様を引用し、平板で、輪郭線を省略したり、逆に強調したりした、色彩も淡い絵を描き、さまざまな図案を描いていく（図19）。

芳賀徹著『絵画の領分』（朝日新聞社）によると、浅井は、一九〇〇年四月のフランス到着早々、パリ万博会場で大きな失望を味わっていたという。

東京美術学校教授であった彼は、文部省から欧州留学を命ぜられてパリに来る直前には日本からの洋画部門出品作品の鑑査官を務め、日本側の責任者であった。そして実際に、出品作の中には彼自身の描いたものも含まれていた。

ところが、期待と不安を抱いて会場に着いた浅井は愕然とした。日本からの出品作は、会場の片隅にすすけた異物のように縮こまっていた。たしかに見覚えのある、自分も選定にかかわったものである。ところが、それらの作品が、この広々とした天井の高い会場に置かれていると、何と薄汚く、貧しく、くすんで見えることか。日本人の作物の何という貧弱さよ。

西洋人の作ったものに比べて多少は見劣りすることがあるかもしれないとは、内心思っていたけれど、まさかここまでとは！　これが我々の作品なのか！

フランスの絵画、彫刻を主とする、西欧諸国の大作の中に交じると、その絵画も工芸品も、会場の一隅に、ちまちまとかたまっていて、遠くから見たのではいったい何を表現したものなのか少しも分からない、色も地味にくすんで、ただただひねくれて貧相なのである。フロックコートにシルクハットの大柄な西洋人が、「ほう、これが日本の美術か」というように、いかにも珍しそうに身をかがめて見るのにさえ、屈辱感を覚える。

一九〇〇年のパリ万博にフランス政府はとりわけ力を入れていたようである。それまでに既に四回、パリで万博は開かれているが、いずれも成功し、国威発揚にもなったからである。

それ以前に、一八七〇～七一年の普仏戦争でフランスは軍事的に負けはしたけれど、それから三〇年、文化的にも経済的にもフランスは、というかパリは隆盛期にあった。その一〇年ほど前にエッフェル塔が完成し、この年にはグラン・パレとプチ・パレが建てられている。あの豪華なアレクサンドル三世橋や、今は美術館になっているオルセー駅が完成したのもこの年である。美術展の会場はプチ・パレであった。大理石と鉄とガラスを使った、重厚でありながら明るい建物の、エントランスの天井は一五メートルもの高さがあり、階段そのほかにはアール・ヌーヴォー様式の装飾が用いられていた。

このアール・ヌーヴォーは、実は日本の影響を受けたジャポニスムなのだが、浅井忠も、それに英国留学の途中、パリに来合わせた漱石も、それには気がつかない。というより、四畳半から飛び出すと、やがて海外で恐竜かマンモスのように巨大化し、大建築物となったアール・ヌーヴォーと日本趣味とのつながりにはピンと来ず、彼らはその中に並べられた故国の作品を、ただ、ただ貧相に感じたのである。

衝撃を受けた浅井は、雑誌「ホトトギス」に率直な感想を寄せている。彼はこの年の正月十六日、根岸の子規庵で渡仏送別会を開いてもらっていて、その席には「ホトトギス」の同人や陸羯南《くがかつなん》や中村不折《ふせつ》などが集まっていた。その折に、子規と原稿を送る約束をしていたのである。『絵画の領分』からその引用部分をここに掲げさせていただく。

美術館の絵画、仏国十年以来の名作を陳列して大に世界に驕《おご》らんとす、諸外国又競争、日本の国画及油画其間にはさまれ実に顔色なし。其前に立留るもうら耻《はずか》しく候。素《もと》より美術館に入りて耻かき候事は予《あらかじ》め期したる事なれど、斯くばかり萎れかへりたる有様を目の前に見るは情けなき次第に有之候。（中略）

日本の美術は、工藝家の通弊として、人体の組織に甚だ不注意にして、細かき筆遣ひ細かき仕事を自慢して、女の頭の髪の毛の線がきとか、象牙彫りの魚の鱗とかいふ者に骨折りて四畳半の座敷で賞翫せんとするものを、五間や六間離れて見ては何が書きあるや更にわからず。少くとも十間以上離れざれば品物が分明ならざる様な大胆な仕事の数千もある中に入り込みせられたる、其筈と申すべし。

（芳賀徹著『絵画の領分』朝日新聞社所収）

しかし、日本の作品が、西洋の宮殿のような、天井の高い、柱の太い、公共の建物の回廊に飾られて貧相に見えるのはある意味、当たり前なのである。

浅井は、「女の頭の髪の毛の線がきとか、象牙彫りの魚の鱗とかいふ者に骨折りて四畳半の座敷で賞翫せんとするものを、五間や六間離れて見ては何が書きあるや更にわからず……」と嘆いているが、接写レンズ的なその細かさが日本の美術の身上なのである。それを広角レンズ的環境の中に展示したのでは見栄えのするわけがない。大きさだけではなく、色彩もまた、日本人は渋さなどを尊重し、地味好みである。けばけばしいものはむしろさげすんでいる。ところが西洋で目立つためには派手でなければならないのだ。

だから一九二〇年に、大倉財閥の大倉喜七郎が資金を出し、横山大観らが中心となってローマで開いた「日本美術展覧会」の際などには、大観の「夜桜」の屏風や、前田青邨《せいそん》の「洞窟の頼朝」のような、日本画でも、大きく華やかな作品が選ばれている。やっぱり外人の前に出る時は浴衣などではなく、金襴緞子《きんらんどんす》の帯を締めた豪華な着物に限るのである。

日本の美術は言うまでもなく、日本人の住居の中で発達した。そもそも普通の日本人の住居そのものが小さいし、しかもその中でも日本人が最も〝落ち着く〟と感じるのが四畳半である。広い部屋といってもせいぜい一〇畳か二〇畳の、その座敷の床の間に飾る掛け軸か屏風ぐらいが、日本の絵画であり、その床の間に鎮座するのが置き物である。それより大きいものといえば、寺院か城の襖絵や屏風ぐらいのものであって、それは日本では例外的なものである。明治期までの日本人は、今の我々とは違って、大きい公共の建物などというものの中に入ることはほとんどなかったであろう。日光東照宮とか本願寺のような大建築でも、門をくぐらせてもらうぐらいが関の山で、中にはめったに入れない。その後の明治の大建築、三越デパートも、帝国劇場も、庶民にはたいてい縁がなかったのである。

そんなことを言えば、日本の音曲も、音量の小さい三味線を伴奏に、喉をしぼって小声で唄う、四畳半趣味の音楽なのであって、決して大声を張り上げることはない。大ホールで、多数の楽器を掻き鳴らしたり、力いっぱいベルカント唱法を発揮したりする西洋の交響楽やオペラなどとは根本的に違っている。だから日本の芸術の繊細さを認めず、貧弱だなどと言われたのでは、日本の芸術家は、美術家も音楽家も立つ瀬がないというものであろう。パリ万博の場合は、要するに、日本の美術品が、会場に調和していなかったのである。

逆に、和辻哲郎は『風土』の中で、——中国文明について、だが——こんなことを述べている。

我々はシナの文化産物においても同様の特質を見ることができる。シナの芸術は一般にゆったりとした大きさがある。大づかみながらきわめてよく要を得ている。とともに半面において感情内容の空疎を感ぜしめる。繊細なきめの細かさはそこには全然見いだせない。この性格を代表的に示しているのはシナ近代の宮殿建築である。それは巨大な規模を持ち、壮大な印象を与えるが、しかし細部はきわめて空疎なもので、ほとんど見るに堪えない。ただ遠《とお》見《み》の印象だけが好いのである。しかし芸術としては、遠見さえよければ細部が空疎であってよいというわけではない。細部をおろそかにするのはやはり無感動性の一つの表現にほかならないであろう。

（和辻哲郎著『風土』岩波書店）

あるいは、清朝崩壊時に、中国に行った日本の茶人の面々は、博物館になっている武英殿《ぶえいでん》の宝物を見て、「ドウモお茶に使えるものがないなァ。どれもこれも大きすぎてゴテゴテして……」というような感想を述べたようである。それで結局小さなお茶碗などを骨董商から手に入れて煎茶の道具にしたようであるが、日本の茶人にとっての「ゴテ物」つまり、中国の巨大で派手な色彩の、飾り壺のようなものこそが、パリの万博会場には合うのである。

浅井がデザイン画を描いている頃には、津田青楓《せいふう》、橋口五葉《ごよう》、小川芋銭《うせん》らが描いた新聞雑誌のカットなどが流行している。平板で、輪郭線を消したり強調したりした、色彩も淡い、フランスの画家で言えば、たとえば、ジュール・ルナールの『にんじん』の挿絵を描いたフェリックス・ヴァロットンらの絵とそっくりの画風になる。日仏の絵描きがデザイン画では同じようなものを描いたのである。漱石の小説にも、「浅井黙語の……」とあったりするが、黙語はもちろん、浅井忠の画号である。しかしこの浅井忠にしても、人気があったのは、のちに見るように、油絵の大作ではなく、いわばちょっとハイカラな、アール・ヌーヴォー風にバタくさい日本画風の小品だった。

浅井忠の場合と比較して面白いのは野見山暁治《ぎょうじ》である。大正九（一九二〇）年生まれの野見山は戦後間もなくの一九五二年、三十二歳の時にフランスに渡り、足掛け一二年もの長い間、フランスで暮らした。雑誌「ユリイカ」の「総特集野見山暁治」の、「描きつづけるエトランゼのあゆみ」と題した長時間のインタヴューで、彼は渡仏の動機と、それから後の自身の変化をこんなふうに語っている。


僕自身、フランスに行きたいという動機には、絵を学びたいというのもあったけれども、フランスという土地がどういうところなのか見てみたいというのがあった。サント・ヴィクトワールは本当に麓からあんなにつながって見えるのか、マチスやルノアールが描く室内では、人が裸になっていても全然違和感がないけれども、一体どういうふうにフランス人は生活しているのか……、日本では裸というものは一切タブーの時代だったし、いろいろなことを非常に不思議に思っていました。

そして最初に、モーター付きの自転車を買って、船で一緒だった友達と、いろいろな地方を回ったのです。

絵を描かずに一年間を過ごして、さあ描こうと思ったら、フランス・フラン節約のつもりで日本から持ってきた絵具の中に、僕の描きたい色がなくて、とても驚きました。つまり、僕の中で色の好みがかなり変わったことに、自分で気がつかなかったのですね。なんでこんなとんでもない色を持ってきたのか、全然わからなかった。シンガポールかどこかを船の中から描いた絵が、カンチンの下から出てきて、それを見て初めて、「この色を使っていたんだ」と思い出したぐらい、自分の使っていた色をすっかり忘れていました。

そういう色は二度とそれっきり使わなかったですね。絵具はみんな人にあげておしまい。ああいう経験は不思議ですね。（「ユリイカ」青土社　二〇一二年八月臨時増刊号所収）

「ああいう経験は不思議ですね」なんてとぼけないでください、と言いたくなる。フランスにいても時には日本画を描かざるを得なかった浅井忠と違い、時代の違う野見山は、すっかりフランス化してしまっている。

本来、日本の古代色などは、草木染めのような、今の我々から見ると淡い、渋い色ばかりのようである。その色の名前を見ても枯色、朽葉色、苔色、浅葱《あさぎ》色、灰汁《あく》色、海老色、小豆色……と、実に地味である。江戸時代にはネズミ色が流行り、それだけで何種類もあったというが、そういう昔の色の好みからはずいぶん遠くまで来てしまったのである。浅井の作品の場合、それは、人種で言えば西洋人とのハーフより日本人の方の血の濃いクォーターぐらいのバタくささなのであるが、野見山となるとすっかりアチラ的なのである。

ずーっとフランスに暮らしていて絵に関してはフランス人になりきっていた野見山は、逆に〝東洋の〟山水画を見て衝撃を受ける。

フランスにいると、どんどん誰かの影響を受ける。だけど影響を受けているうちは一蹴されるなと思っていた。それが、七、八年たった頃から、なんか自分ものになったのではないかという思いがあって、ある画商に持って行ってみたら、「うちで扱う」ということになった。それから、まずは展覧会をやろうとなって、これで貧しいながらも絵を描いて生活できると思いはじめました。

展覧会は、二年に一度くらいのペースでやるのだけど、数年たって三度目の展覧会という時になって、画商のオーナーがアトリエに見に来た。僕が西洋に絵の勉強に行ったのは、画面でひしめく形のせめぎ合いというか、それらが拮抗した力を持っていて、見事な空間を作りあげている、それを身につけたいと願ってのことです。

ところがその頃、たまたまミュゼ・ギメという東洋美術館に行ったら、小さな山水画の写真があったのです。それは、僕らが見慣れている東洋画のモチーフなのだけど、それを見た時に、今まで受けたことのない衝撃を受けた。つまり、どちらを山と言おうと空と言おうと、どう見たっていいというふうに、模糊として何も構築していない、ただ漠とした画面でありながら、ヨーロッパ人とは違う画面の力というものを強く持っていて、奥行きや広がりもあって、不思議だなあと思った。

僕はそれをよく機械になぞって言うのだけど、こっちでボタンを押すと、中の機械がきちんと作動して向うで何かがちゃんと生産されるという仕組みではなく、ボタンを押すと、中の機械がないのにパッと出てくるような、中身がない不思議さというのは一体どういうことなのか。

（同前）


日本に帰ってきても「揺れますから御注意ください」とか、「小さいお子様をお連れの方はお子様のお手をお引きください」などと、細かすぎる電車内のアナウンスが気に入らず、レストランや喫茶店でも、なぜか脚が引っ掛かってテーブルごとひっくり返してしまうなど、ことごとに違和感を感じてばかり。初めて日本に来たフランス人以上に奇妙な日本人に、彼はなってしまったのである。ここでふと思うのだが、明治十五（一八八二）年に来日して、明治三十二（一八九九）年に帰国するまで、日本で一八年を過ごしたフランスの画家ビゴーなどは、故国に帰ってさぞ戸惑ったことであろう。

物理学者の不安

美術からは離れるが、西洋の文化に触れて、「我々日本人が、果たしてこんなことに携わることが出来るのか」という問いを発する者は、学問の世界にもいた。次に掲げる、物理学者湯川秀樹の随筆はそのことに触れたもので、さすが、学者の家に生まれた人の書いたものらしく、立派な文章である。

人間の一生の中のある時期に自分の生きてゆく道がきまる。少なくとも一度は、どの道をえらぶかについての決断をしなければならぬ。(……)

私(湯川)よりずっと前の年代、特に明治二十年ごろ以前に青年期を迎えた人たちが科学者となる決断をするのは、容易なことではなかったはずである。なぜかといえば、私たちの時代には、すでに多くの先輩の日本人科学者が実在していたのに反して、明治二十年ごろ以前には、科学に関しては外国の学者から教えてもらって習い覚えるとか、外国の研究を追試するとかいう以上のことが、まだほとんど何もされていなかったからである。そういう時代に科学者となる決断をするに至った青年たちの心境は、どんなものだったのか。(……)

つい先ごろ私はこの点に関する非常に興味ある文献が残っているのを知った。それは長岡半太郎先生が八十五歳でこの世を去られる数年前に書かれた「中学卒業後の指針」と題する開成中学での講演の原稿である。(……)

「私の時代には大学に入る予備校すなはち今の高等学校には、文理の区別はなく、今日より選択には幾分の余裕が存しましたが、私は一時相当に苦しみました。(中略)大学に入りて一年経過いたしましたとき、多少欧米で研究された事項を了解いたしましたが、自分は他人のなした後を追ふて、外国から学問を輸入し、これを日本人間に宣伝普及するは宿志ではありませんでした。必ずや研究者の群に入りて、学問の一端を啓発せねば、男子に生れた甲斐がない」

ここまでは、私が物理学の研究者になろうと志したのと、大して変わりはない。大正末期と明治二十年ごろとの大きな違いは、その次の文章に、はっきりと現われてくる。

「東洋人は研究に堪能でないか否やを明白にして、しかる後おもむろに将来の方針を一定するが得策であると考へました。まだ春秋に富んでゐるから、一年を棒に振つたところで損をすることは僅かである。もしあやまてば取返しのつかぬ事態に遭遇するから、決然一年休学を願ひ出て、支那における科学に関する事項を調べてみました」

はじめて、この文章に接した時の私は、驚歎の念を禁じえなかった。二十歳になるやならずの青年が、自分の前途を決定するために、決然として大学生としての一年間を棒に振る。常人の考えることではない。

さて大学生、長岡半太郎氏の休学一年間の調査の結果は、次の文章で示されている。

「支那における渾天儀（天文観測機）、暦法、指南車（黄帝）、北光の観測（山海経）、有史以前に属します。○戦国時代恒星表（石氏、甘氏）、太陽黒点（？）。天の蒼々たる、これ本色か（荘子）、微分の観念（恵施）、共鳴の実例（荘子）、雷電の説明（荘子）、エネルギーの概念（荘子）、（二千三百年前）○金属の研究、銅錫の合金（礼記、周公、二千九百年前時代)、鉄製刀剣(二千二百年前)。大砲と解釈される霹靂車、すなはち火薬の利用(千七百五十年前)。ことごとく支那独創的のもの。ギリシャ、ローマより渡来せるにあらず」

かくして得られた結論は、

「これほどの研究があるからには東洋人でもこれに専念すれば終に欧米に遜色なきに至らんと確信を得るに至りました。これが私をして物理学に執着するに至らしめた根源であります」

長岡先生の出発点が、このようであったればこそ、果して明治三十七年(一九〇四年)には世界の物理学者に先駆けて原子模型に関する論文を発表するに到ったのである。今にして思えば、このような大先輩を日本人の中に見出していたことが、大正末期の高校生であった私をして、迷うことなく、物理学研究の道を選ばしめる要因の一つとして大きく作用していたのではなかろうか。(湯川秀樹「長岡先生の休学」、『巻頭随筆Ⅱ』文春文庫所収)

平成の我々としては、むしろ中国歴代の古典籍を読破する当時の若者の学力の方に驚く。今ではこんな根本的な疑問を持つ学生はもちろんいないし、これは笑い話のたぐいだが、明治初年の日本の青年には真剣な話であったのだ。

しかし、明治時代に大柄な西洋人とその文明に初めて接した日本人の中にはどうやら完全に圧倒されてしまうタイプの人がいたようである。大隈重信は一九一三年、雑誌「新日本」に掲載した文章で、日本人は体力、身長、肌の色まで西洋人に劣ると嘆じ、次のように述べている。

歴史上から観察しても、日本人には何等偉大なる発明を以て世界に現はれたものがない。名高い哲学者も、宗教家も、将た文学者も、其他の芸術家もない。大切な器械の発明の偉功を世界の人から認められる様のものもない。長き此歴史的事実に徴するに、日本人は究竟白人種より一等下の民族でないかと思ふ。然らば遂に之を救ふの術はないのであらうか。

（大隈重信「日本民族は優等人種か劣等人種か」、『経世論続編』冨山房所収）

東京専門学校、つまり今の早稲田大学を率いる人がこんなことを言っていたのでは学生たちもはなはだ心細かったであろう。しかし、こういうのは仲間内に向けた一種の甘えで、仲間同士傷を舐め合い、慰め合う役にしか立たない。

「そうか、それじゃ、そんな劣等人種はこの地球上から消えてなくなってしまえばいいじゃないか」とか、「我々の奴隷になれ」などと外国人から言われたら、返す言葉があるまい。これは、そんな厳しい反応のことなど夢にも思っていない甘いもの言いなのであって、異民族等が絶えずせめぎ合う大陸では通用しない、それこそ純粋自虐趣味なのである。こういう精神的傾向を持つ人は、たとえば白色人種に生まれたら生まれたで、「我々の肌は何と生っ白《ちろ》く、シミだらけで汚いんだろう。ピンクに肥ったところはまるでハムだ。それに腕も、胸も、背中まで、全身が毛むくじゃらだ。ダーウィン式に言うと猿に近いのだろう」などと嘆くに違いない。

サッカーの国際試合を観ても分かるとおり、異民族との付き合いは島国育ちの日本人が考えるほど甘いものではない。スポーツばかりではなく外交でも同じで、「汚い手を使う」と言って憤慨しているばかりでは駄目なのである。

ところが同じようなことを戦後になってもまだ言い続ける人がいた。慶應大学医学部教授の林髞《たかし》である。氏は木々高太郎というペンネームで推理小説まで書き、テレビのクイズ番組などにも出る、今で言うタレント教授で、当時、カッパブックスという新書で『頭のよくなる本』という題名のベストセラーを出していたが、その中でやはり日本人の頭はいかにも悪い、と、大隈と同じようなことを言い、それをあらためるには粉食にせよ、米を食うのではなくパンを食えとしきりに勧めた。日本人の頭にはビタミンが足りないのだ、と言うのであった。科学上の発明、発見において日本人の功績がなく、法則などに日本人の名を冠したものがないのは、鎖国日本に西洋の近代科学が本格的に入り始めてからまだ間もなかったのであるから当たり前なのだが、昭和三十年代になってもまだこんなことを言う人がいたのである。

製粉会社を経営し、粉食普及に努力していた筆者の父は「まるで粉屋のまわし者みたいな人やなあ」と言って笑っていた。

ノーベル賞受賞者の名簿に日本人が続々と名を連ねる今日では、日本人種の頭脳的劣等性などという説を立てる人は少ないであろう。

しかし、スポーツなどの世界ではまだ根強く残っていて、かつては、日本人は絶対野球の大リーガーにはなれないなどと、なぜか力説する日本人がいた。

アメリカから来る大リーグのチームは家族連れで、観光気分であったし、ラグビーの試合のような大差で勝つのが常であった。

「王、長嶋は大リーグで通用するか」というのが野球ファンの関心の的であったのだ。実際に、見かけの体格でも日本人プロ野球選手の中には、大リーガーの肩ぐらいまでしかない人もいた。ヤンキースのホームランバッター、ミッキー・マントルと試合後一緒に風呂に入った巨人軍の四番打者、川上哲治が、「あの男の腕は俺の太腿ぐらいある」と言って驚いたという。

そのうち野茂英雄選手が大リーグに行くと言い出し、それに反対する動きがあったのだが、野茂はめざましい成績をあげたのだった。

その後イチローが大リーグに行くと言った時には、日本人の場合、ピッチャーなら大丈夫でも、バッターは無理だと言い、いい加減なデータを挙げて、イチローの失敗を新聞で得々と予言するニセ医者のような人がいたものである。

明治の音楽界でも事情は同じようなものであったろう。日本人は洋楽の演奏家にはとうていなれない、と信じられていた。

日本人で最初にベートーヴェンの「月光」を弾いたということでもてはやされ、後にドイツで自殺した久野久《くのひさ》の苦しみは、幼い頃から訓練を受けている今の日本人ピアニストには解《わか》るまい。実際に、ある年齢までに西洋音階に接したことのない人間にとって、それを急に身に着けることは難しいであろうし、大人になってから三味線を急にヴァイオリン、ピアノに持ち代えることはほとんど不可能である。

その点では日本の筆と顔料からブラシと油絵具に変える方がまだ何とかなったことであろう。

志賀重昂の『日本風景論』

明治二十六（一八九三）年十二月、雑誌「亜細亜」に、志賀重昂《しげたか》が、「日本風景論」（初稿）を発表する。志賀は札幌農学校出の農学者であるが、古今東西の詩文と、地理学的知識、そしてその術語を縦横に織り交ぜた文章で、西欧、支那に勝る日本の風景の美を詠いあげている。

それまでの、「梅に鶯」「牡丹に蝶」「月に雁」「沖に白帆」、あるいは「日本三景」「近江八景」のような、紋切り型の古典的風景美しか、一般の人々の観念の中になかった時代に、風景を、科学と文学両方の要素で説明し、讃美する、近代的な視点を持ち込んだというのである。

時あたかも、日清戦争の勝利と三国干渉への不平に、日本国中が湧きたっているかのような時期であった。暗誦にも適した漢文調の美文は、明治の青少年のロマンティックな愛国心、国粋主義的感情を掻きたてたという。その文章は一冊にまとめられ、その後毎年のように加筆増補されて、版を重ねている。志賀の著作によってまさに薫陶を受けた後輩、小島烏水《うすい》による岩波文庫初版の「解説」にはこうある。

明治二十七年、日清開戦の折柄、日本の山岳文学史上に、忘れることの出来ない一書冊が現われた、それは志賀重昂氏の『日本風景論』である。この書に依って一般世人は、日本には気候海流の多変多様なること、水蒸気の多量なること、殊《こと》に火山岩の多きこと、流水の浸蝕激烈なること等を教えられた。日本の風景保護すべく、登山の気風興作すべきことを説き聞かされた。その書の清楚なる体裁といい、詩味饒《ゆた》かなる文章といい、いわゆる科学と文学を調和する企てといい、当時にあっては最も目新らしいものであった。

（志賀重昂著『日本風景論』岩波文庫所収）

同じ小島の「解説」によれば、かつて『時事新報』が各界の名士に、「あなたがもっとも強い影響を受けた愛読書は何ですか」という質問状を出したとき、その答えの大多数が、明治年間の書籍として、福沢諭吉の著書の外には、『日本風景論』であった、という。つまり、今で言う有識者へのアンケートでは、明治時代に、福沢諭吉に次いでよく読まれた本だというのである。

小島は続けて述べている。「その頃でも、教科書用の地理書地文学書は、乏しくなかったが、それが『風景論』に至って、叙景詩ともなり、詩文と画図《がと》と兼ね備わる名所図会ともなって、風景の観方《みかた》、描《えが》き方までが教えられ、日本人自らの風景観も変革せざるを得なかった」。

そしてこれは、ほとんどこの解説者自身の体験であったのだろう。挿絵は樋畑雪湖《ひはたせっこ》、洋風の絵は海老名明四《えびなめいし》とあり、今の我々から見れば古めかしいもののように思われるが、当時の青年には、斬新だったのだろうか（図20）。志賀重昂のその名調子を少し味わってみれば、こんな具合である。

誰《たれ》かわが郷の洵美をいはざらん、これ一種の観念なり。然《しか》れども日本人が日本江山の洵美をいふは、何ぞ啻《ただ》にそのわが郷にあるを以てならんや、実に絶対上、日本江山の洵美なるものあるを以てのみ。外邦の客、皆《み》な日本を以て宛然《えんぜん》現世界における極楽土となし、低徊《ていかい》措《お》く能《あた》はず、自《おのずか》ら

花より明くる三芳野《みよしの》の春の曙《あけぼの》みわたせば
もろこし人《びと》も高麗人《こまびと》も大和心《やまとごころ》になりぬべし　頼山陽《らいさんよう》

の所あらしむ。想《おも》ふ浩々たる造化、その大工の極を日本国に鍾《あつ》む、これ日本風景の渾円球《こんえんきゅう》上に絶特なる所因、試みに日本風景の瀟洒《しょうしゃ》、美、跌宕《てっとう》なる所をいふべきか。（同前）

とにかくもう、日本の風景だけは、何が何でも、誰が何と言っても世界で一番美しいと、論理を絶して主張するのである。夏目漱石の『三四郎』の有名な場面に、汽車の中で会った〝先生〟が、若い三四郎に対して、「日本人には結局富士山しかないんだから」と言うところがある。

図20 『日本風景論』の挿絵
こうした挿絵が当時の人々の
風景の観方、描き方を変革した。
描かれているのは「妙義山第二石門」
あるいはここに志賀などの日本礼讃に対する漱石のからかいの気持ちがあるようにも思われる。
志賀が多くの読者を獲得したのは、もちろん、時代に合ったその国粋的思想にもよるけれど、直接にはその美文、つまりムードであった。『日本風景論』は文章のうまさで青年たちに読まれたのである。徳富蘇峰は明治三十一（一八九八）年に書いた評論「碌堂《ろくどう》と矧川《しんせん》」で、志賀の文章を当時人気のあった洋画家、浅井忠の絵と比べているという。

◎矧川（志賀の号）の文、浅井忠氏の画、併論す可し。
◎浅井氏の妙技、その刻苦経営の油画よりも、寧ろ一気呵成の水彩画にあり。矧川の文亦然り。其大篇巨作、読むに堪へざるにあらざるも、寧ろ其粗毫率筆、興に乗じて揮灑したるの神品に若かず。
◎浅井氏の画、骨格雄勁、色沢枯痩。矧川の文、色沢豊麗。骨格或は及ばず。
（徳富蘇峰『漫興雑記』民友社所収）

これでは文章家も画家も、自分が力を入れた作品を否定されてがっかり、というところだが、蘇峰先生が単に自分の好みを述べているだけ、そしてそれが平均的な日本人の好みにすぎないと思えば得心がいく。

英国人のウィリアム・ゴーランドが中部山岳を「日本アルプス」と名付けたのは明治一四（一八八一）年のことであった。その後ウォルター・ウェストンが『日本アルプスの登山と探検』（一八九六年）を英文で発表して日本アルプスを欧米に紹介し、そして志賀が『日本風景論』を著わしたという時代である。かつては修験者、山伏のたぐいしか入らなかった高山だが、日本人の中からも実際に登山を試み、風景を描写し、紀行文を書く者が輩出するようになっていく。日本固有の風景の美を紹介し、美文を用いて論じるうちに、その日本風景礼讃が、一種独りよがりの国粋主義的性格を帯びていくのは志賀重昂の頃から変わらない。

小島烏水は若い頃を回想して、「日本山岳景の特色」という文章を書いているが、そこで日本回帰というか、欧州アルプスと彼の地の山岳文学への、かつての自分自身の心酔の反動のように、日本の山岳の秀麗さと〝優越〟を強調している。

……火山を絶対に美しく、完全に美しく見せるのはその輪郭である、私はラスキンをかなり読んだ方だが、火山を知らない人の風景論は、私には異なれる言語で、話しかけられるような、まだるッこさを感じないでもない、あの人の『ヴェニスの石』の第一巻「装飾の材料」で、シャモニイ渓谷の或山で見た氷河、それはアルプスの氷河としては、第二流に属するに過ぎないものであるそうだが、一哩《マイル》の四分の三ぐらいの長さの線を、今までの生涯（第一巻の出版は彼が三十三歳の時である）中に見た、最も美しい、最も単純な線であると讃嘆しているが、私は「ラスキンは不仕合せな男だなあ」といまだに思っている、北斎や広重の版画を見ずにしまった彼は、富士山の線の美しさを、夢想にもしなかったらしい、東海道の吉原から、岩淵あたりで仰ぎ見る富士山の大斜線は、向って左の肩、海抜三七八八米突から、海岸の水平線近く、虚空を縫って引き落している、秋から冬にかけた乾空には、硬く強く鋼線のように、からからと鳴るかと思われ、春から夏にかけて、水蒸気の多い時分には、柔々《やわやわ》と消え入るように、また凧《たこ》の糸のように、のんびりしている。地平線と水平線とを別として、我が日本国において見らるべき、有《あ》らゆる斜線と曲線の中で、これこそ最大最高の線であろうと、いつも東海道を通行するたびに、汽車の窓から仰ぎ見て、そう思わないことはない。

（『山岳紀行文集　日本アルプス』岩波文庫所収）

それにしても、「『ラスキンは不幸せな男だなあ』……北斎や広重の版画を見ずにしまった彼は」などという表現には、さすがのラスキンも恐れ入るに違いない。

ところで、私の手元に、改造社版、昭和四年八月発行の『現代日本文学全集』第三十六篇

「紀行随筆集」がある。安価な円本とはいえ、杉浦非水の装丁で、布装の美しい、しかし細かい活字をぎっしり、三段組みに詰め込んだこの本の目次は以下のようになっている。

序
大和田建樹篇　大和めぐり　千里の春
落合直文篇　七株松　恩愛刃　弦月旗
大町桂月篇　迎妻紀行　かた袖　須磨の一夜
塩井雨江《しおいうこう》篇　ゆく水　笛の音
武島羽衣篇　金明水　霧分衣　龍華寺の富士　日和つゞき　教へ子　歌御会始参列記　北陸游草
馬場孤蝶篇　閑時想　湖畔の秋　古き東京を思ひ出て　旅客より観たる大阪　煙霞になづみて　虚と実
平田禿木《とくぼく》篇　薄命記　蟬羽子《せんうし》を弔ふ　三日風流　うすむらさき　スミルナの花　ル、サントオル　ロオリイの生家
戸川秋骨篇　精進行　別れ　文鳥　ミネルヴァへ
遅塚麗水《ちづかれいすい》篇　不二の高根　成都道中記
志賀重昂篇　日本風景論（抄）　緒論　日本には流水の浸蝕激烈なる事

柳田國男篇　遊海島記　木曾より五箇山へ　勢至堂峠より白河へ　熊野路の旅　丹波市記
小島烏水篇　不二山に登る記　峡谷の白百合　天龍川　ヨセミテ谷と上高地
吉江孤雁篇　御嶽山の両面　霧の旅　北国の旅　海洋の旅
河東碧梧桐篇　雪線踏破七日記程
阪本四方太篇　夢の如し
篠原温亭篇　波の音　其妻のピヤノ　彼女と其周囲
寒川鼠骨《そこつ》篇　進水式　犬と余　美哉山林　（『現代日本文学全集』第三十六篇　改造社所収）

この「紀行随筆集」の序文に「……特に明治二十年代よりその末期に亘《わた》る所謂《いわゆる》美文写生文的随筆、並びにそれ等の働きかけによって特殊なる発達を遂げた当代の紀行文に重点を置き……」とあるように、こうしてずらりと並んでいるところは、いかにも古色蒼然たる人々ばかりで、今はもう忘れられ、ほとんど読まれなくなった明治、大正の文人たちだが、いずれもみな、その当時は熱心な読者を有していた。今あらためてじっくり読んでみると、語彙が豊富で文章にリズムがあって、やはり立派なものである。同時期の詩人の中には、時にはあまりにセンチメンタルで、「星菫派《せいきんは》」などと揶揄《やゆ》される人々もあったようだが、若者は詩を愛誦し、美文を朗読し、自分たちもそれに倣って作品を新聞、雑誌にしきりに投稿したのである。

この中で特に、今読んでも面白いもの、といえば、馬場孤蝶の「古き東京を思ひ出て」や遅塚麗水の「成都道中記」あたりであろうか。「古き東京……」は、他でもよく引用されるので、「成都道中記」を少し紹介しよう。

「成都」はもちろん、中国四川省の成都、三国時代の蜀の都である。著者の年代の人たちは、子供の頃から漢文を叩き込まれているし、『三国志』の地名にはなじみがあるのだが、実際に行ってみると、その頃の中国人の生活には驚くことばかりである。たしかに、多少は、こうもあろうか、と想像はしていたのだが、貧しい人々の日常の不潔さ、役人、兵士の横暴はそれ以上なのであった。道には餓死者が倒れ、犬に食われる。その一方で、金持ちの葬式を見れば、その行列の華美なのにこれまた驚く。貧者はあくまで貧しく、富者はあくまで裕福なのである。閉口したのは宿の汚さであった。

客室とは名ばかりにて、湫陋《しうろう》（粗末であること）は言語に絶せり、壁は零《お》ちて骨を露《あら》はし、煤《す》けたる障子の紙は全く破れて風ある毎に舌を吐く、壁に傍《そ》うて形《かた》ばかりの寝台ありて枯草堆《うづたか》く積まれたり、室に近き圊《かはや》の尿気《ねうき》と圊に隣りする檻に蠢《うごめ》く豚の穢臭《わいしう》とに、余は鼻を掩《おほ》うて茫然と立尽《たちつく》せり、余等を載せ来りし轎夫《けうふ》等は、早やこの日の責任は解除されたりとて、烟《えん》房《ばう》に、飯店に、已がじしその姿を晦《くら》ませり、余はM氏と共に、桐油紙《とうゆがみ》、毛布を寝台の上に敷き、蜘蛛の巣を払ひ、塵ほこりを掃《はら》って後、辛くも夫頭《ふとう》をすかし留《とゞ》めて、飯と開水《かいすゐ》とを買ひ来らしめ、裸蠟燭の火を囲んで旨からぬ夜食を摂りたり、床虫《とこむし》しきりに咬み、蚊軍枚《ぶんぐんばい》を銜《ふく》ん

で襲ふ、昏臥《こんぐわ》の夢円《まど》かならず、やがて鶏鳴。（同前）

旅も終わりに近づくと、さすがに疲れが出て、感傷的にもなる。その気分を美文に記す。

けふも中夜まで睡《ねむ》られず、杜鵑《とけん》啼《な》くことしきりなり、郷を去りて万里、身は今巴蜀乱山《はしよくらんざん》の中《うち》に在り、己が好める旅にしあれど、汗漫《かんまん》の遊びはや一年の四分の一に及べり、この困難なる道途《だうと》にありては、まことに痼癖《こへき》身に累《るゐ》するの悔なきしもあらず、平生頑健《へいぜい》をもて人に誇れども、一旦疾《やまい》に罹《か》りなば、万《ばん》、死あるのみと思へば、いとゞ中霄《ちうせう》に乱啼《らんてい》する杜鵑の声に、坐《そゞ》ろ故郷を思ふの念に禁《た》へざるなり。（同前）

これを読むと、中国古典に対する感じ方が変わる。細部がより際立って実感が出るのである。まだまだ引用したい箇所が山ほどあるけれど、本書の趣旨から外れてしまうから、「成都道中記」の紹介はこれぐらいにしておく。

さらに、目次の中の何人かを紹介すれば、以下のようになる。

大和田建樹は、安政四（一八五七）年に宇和島に生まれ、「汽笛一声新橋を……」の「鉄道唱歌」によって知られる。

志賀重昂はこの中でも特別扱いで、「志賀重昂は一つの変種である。それだけに瞠目《どうもく》すべきものがある。『日本風景論』が当代に於て画期的売行を示した所以は、彼が『科学と美』との調和を最も意とした点にあらう」と「序」にある。

大町桂月は特に紀行文によって心酔者を得た文人で、北海道などの古い旅館には今でも桂月の扁額が掛けてあったりするが、宿に長期滞在して揮毫し、講演までしたのが実はニセ者であった、などというエピソードの持ち主も、たしか桂月であった。顔写真が行き渡らない時代にはそういうことがよくあったらしい。

武島羽衣は「春のうららの隅田川……」の「花」の作詞者。ちなみにこの曲の作者は滝廉太郎である。こっちの方がよく知られているであろう。

馬場孤蝶は高知の人、自由民権運動の政治家、馬場辰猪《たつい》の弟である。島崎藤村、戸川秋骨らとは明治学院の同窓で「文学界」の創刊に参加した。明治学院で熱心に英語を学び、西洋文学の翻訳を残す。

吉江孤雁（喬松）はフランス文学者で、早稲田大学仏文科の最初の教授である。後の名作詞家、西条八十を早稲田仏文の教授に招いたのも孤雁だが、招かれた当初、八十は「アテネフランセ」にちょっと通ったぐらいで、フランス語がろくにできず、暁星中学校あたりで小さい時からフランス語をやっている学生にいじめられたと自伝に記している。

寒川鼠骨は、正岡子規と同郷の後輩で、子規の家の隣に住み、その面倒をよく見たようである。

実際にこの中で今も読まれ、引用されることが多いのは柳田國男ぐらいか。しかし、くり返して言えば、明治・大正の若者は心から美文を愛唱したのである。

国木田独歩の雑木林の美――小説・散文の中の風景の発見

一方、小説の世界においても、明治に至るまで、意識的な風景描写というものはあまり見られなかったようだが、田山花袋や国木田独歩の頃からそれが現れはじめる。たとえばここに、国木田独歩の「武蔵野」がある。明治三十一（一八九八）年作と伝えられる随筆風のこの作品の中で独歩はまず言う。

秋の中ごろから冬の初め、試みに中野あたり、あるいは渋谷、世田ヶ谷、または小金井の奥の林を訪《おとな》うて、しばらく座って散歩の疲れを休めてみよ。（『日本文学全集12』集英社所収）

むやみに歩きまわってばかりいないで、とにかく静かな秋の林の中に座ってゆっくりまわりを観、耳を澄まし、黙想せよ、と彼は言うのである。

足元には黄葉が散り敷いて、座るのに適している。百姓がまだ落葉掻きをしていないのである。林を構成する樹種は主にクヌギ、コナラなど、落葉広葉樹である。武蔵野を詠んだ歌、たとえば「武蔵野は月の入るべき峰もなし尾花が末にかかる白雲」（『続古今和歌集』）などを見ると、なんだか、というより完全に、都人士からバカにされているようであるが、とにかく古い昔の武蔵野は、話にならぬ田舎であった。源平合戦の時代になってもまだここは一面の「萱のはてなき光景」を呈していたという。富士、箱根などの火山から噴出したいわゆる関東ローム層なる、火山灰起源の赤褐色の粘土が厚く積もり、水田を開こうにも水が乏しく、焼畑と野火とに侵された茅《ちがや》の茂る大平原だったわけである。やがて江戸時代になって野火止用水、千川用水などが開削され、ようやく新田開発が進む。そしてそれと共に江戸市中に運ばれる炭や薪のための雑木林が形成されるようになる。これは営々たる農家の努力の末に造り上げられた落葉広葉樹林という、人工の風景なのである。

「自分は（明治）二十九年の秋の初めから春の初めまで、渋谷村の小さな茅屋《ぼうおく》に住んでいた」と独歩は書いている。今の渋谷駅の近くらしい。その近所を流れる小川を高野辰之が詩にしたのが、小学唱歌「春の小川」であるという。

秋から初冬にかけての凜冽《りんれつ》な空気の中で林中に座していると、はらはらと黄葉が舞い落ちてくる。見上げると梢上の葉は大分落ちてその間に澄みわたった青空が見えている。

鳥の羽音、囀《さえず》る声。風のそよぐ、鳴る、うそぶく、叫ぶ声。叢《くさむら》の蔭、林の奥にすだく虫の音。空車《からぐるま》荷車の林を廻《めぐ》り、坂を下り、野路《のじ》を横ぎる響。蹄《ひづめ》で落葉を蹶散《けち》らす音、これは騎兵演習の斥候《せっこう》か、さなくば夫婦連れで遠乗りに出かけた外国人である。何事をか声高《こわだか》に話しながらゆく村の者のだみ声、それもいつしか、遠ざかりゆく。独り淋しそうに道をいそぐ女の足音。遠く響く砲声。隣の林でだしぬけに起こる銃音《つつおと》。自分が一度犬をつれ、近処の林を訪《おとな》ひ、切株に腰をかけて書《ほん》を読んでいると、突然林の奥で物の落ちたような音がした。足もとに臥《ね》ていた犬が耳を立ててきっとそのほうを見つめた。それぎりであった。たぶん栗が落ちたのであろう（……）。（同前）

こんなふうに、雑木林の自然を観賞することを独歩は奨めているのだが、一般にはそんな趣味は普及していなかった。独歩は小金井堤の桜の名所を夏の盛りに友人と散歩していて茶店の婆さんからこんなあしらいを受ける。

今より三年前の夏のことであった。自分はある友と市中の寓居《ぐうきょ》を出でて三崎町の停車場から境まで乗り、そこで下りて北へ真直《まっすぐ》に四五丁ゆくと桜橋という小さな橋がある、それを渡ると一軒の掛茶店《かけぢゃや》がある、この茶屋の婆さんが自分に向かって、「今時分、何にしに来ただア」と問うたことがあった。

自分は友と顔見あわせて笑って、「散歩に来たのよ、ただ遊びに来たのだ」と答えると、婆さんも笑って、それもばかにしたような笑いかたで、「桜は春咲くこと知らねえだね」といった。そこで自分は夏の郊外の散歩のどんなにおもしろいかを婆さんの耳にも解るように話してみたがむだであった。東京の人はのんきだという一語で消されてしまった。自分らは汗をふきふき、婆さんが剝《む》いてくれる甜瓜《まくわうり》を喰い、茶屋の横を流れる幅一尺ばかりの小さな溝で顔を洗いなどして、そこを立ち出でた。この溝の水はたぶん、小金井の水道から引いたものらしく、よく澄んでいて、青草の間を、さも心地よさそうに流れて、おりおりこぼこぼと鳴っては小鳥が来て翼をひたし、喉《のど》を湿《うる》おすのを待っているらしい。しかし婆さんは何とも思わないでこの水で朝夕、鍋釜《なべかま》を洗うようであった。

茶屋を出て、自分らは、そろそろ小金井の堤を、水上の方へとのぼり初めた。ああその日の散歩がどんなに楽しかったろう。なるほど小金井は桜の名所、それで夏の盛りにその堤をのこのこ歩くもよそ目には愚《おろ》かにみえるだろう、しかしそれはいまだ今の武蔵野の夏の日の光を知らぬ人の話である。（同前）

「今時分、何にしに来ただア。桜は春咲くこと知らねえだね」と嘲《あざけ》るように言う婆さんの顔が目に見えるようだが、この婆さんこそいわば、一般の常識的美意識、つまり月並の権化なのである。

すなわち、桜は花見の季節にしか存在せず、雑木林に美的価値は一切ないのだ。この人物は、自然の中の、花という細部しか見ない眼の持ち主なのである。

では、独歩はこうした雑木林の美をいかにして発見したのか。「自分も西国に人となって少年の時学生として初めて東京に上ってから十年になるが、かかる落葉林の美を解するに至ったのは近来のことで、それも左の文章がおおいに自分を教えたのである」と彼は述べ、その美を教えてくれた次の一文をあげている

秋九月中旬というころ、一日自分が樺《かば》の林の中に座していたことがあッた。今朝から小雨が降りそそぎ、その晴れ間にはおりおり生《な》ま暖かな日かげも射してまことに気まぐれな空合《そらあ》い。あわあわしい白《し》ら雲が空《そ》ら一面に棚引《たなび》くかと思うと、フトまたあちこち瞬《また》く間雲切れがして、むりに押し分けたような雲間から澄みて怜悧《さかげ》し気にみえる人の眼のごとくに朗らかに晴れた蒼空《あおぞら》がのぞかれた。自分は座して、四顧して、そして耳を傾けていた。木の葉が頭上でかすかに戦《そよ》いだが、その音を聞いたばかりでも季節は知られた。それは春先する、おもしろそうな、笑うようなさざめきでもなく、夏のゆるやかなそよぎでもなく、永たらしい話し声でもなく、また末の秋のおどおどした、うそさぶそうなお饒舌《しゃべ》りでもなかったが、ただようやく聞取れるか聞取れぬほどのしめやかな私語《ささやき》の声であった。そよ吹く風は忍ぶように木末《こずえ》を伝ッた、照ると曇るとで雨にじめつく林の中のようすが間断なく移り変わッた、あるいはそこにありとある物すべて一時に微笑したように、隈《くま》なくあかみわたッて、さのみ繁《しげ》くもない樺《かば》のほそぼそとした幹《みき》は思いがけずも白絹めく、やさしい光沢《こうたく》を帯《お》び、地上に散り布《し》いた、細かな落ち葉はにわかに日に映じてまばゆきまでに金色を放ち、頭をかきむしッたよ

うな『パアポロトニク』（蕨《わらび》の類《たぐ》い）のみごとな茎《くき》、しかも熟《つ》えすぎた葡萄《ぶどう》めく色を帯びたのが、際限もなくもつれからみつして目前に透かして見られた。

あるいはまたあたり一面にわかに薄暗くなりだして、瞬《またた》く間に物のあいろも見えなくなり、樺の木立ちも、降り積ッたままでまた日の眼に逢わぬ雪のように、白くおぼろに霞む――と小雨が忍びやかに、怪し気に、私語するようにバラバラと降ッて通ッた。樺の木の葉はいちじるしく光沢が褪《さ》めてもさすがになお青かッた、がただそちこちに立つ稚木のみはすべて赤くも黄いろくも色づいて、おりおり日の光りが今まで雨に濡《ぬ》れたばかりの細枝の繁みを漏《も》れて滑りながらに脱《ぬ》けてくるのをあびては、キラキラときらめいた。（同前）

お分かりのとおり、これは二葉亭四迷訳ツルゲーネフの「あひゞき」の一節である。独歩はつまり、ロシア人の文章によって雑木林の美を教えられたことになる。しかし、林中に座した二人の文章を並べてみると、ツルゲーネフの文章では、森の中のいたるところに何かが潜んでいそうな気配があって、森全体が擬人化されている感じである。シラカバを主体としたロシアの林はたいてい、見透せば向こうが見える疎林であって、すらりとした幹は真白、そしてその葉はブロンドに黄葉する。だからその「何か」はひとつ間違うと金髪に裸体のニンフのような色っぽいもの、という気がするけれど、独歩の方はどちらかというとやはりどこか漢詩風で、たとえば王維の「鹿柴《ろくさい》」などの風景に近い。と言っても、中学の国語教科書に出ていた漢詩な

図21　菱田春草「落葉」　国木田独歩「武蔵野」を連想させる風景

んか忘れてしまった人が多いだろうから、その全文を掲げておく。「鹿柴」とは鹿を飼っておくための柵であって、だからこれは今で言う里山の情景である。

鹿柴　　王維

空山人ヲ見ズ
但《ただ》人語ノ響ヲ聞ク
返景深林ニ入リテ
復《また》青《せい》苔《たい》ノ上ヲ照ラス

空山とは木の葉が落ち尽くした山だというから、ここも落葉広葉樹林か。ひっそり静まりかえって人影はないが、かすかに人の声が響いている。夕陽が林中に斜めに差し入って青い苔を照らしている。という風景であろう。

ともかく独歩は花などの有無にこだわらぬ、ただ雑木だけの風景の美と、言文一致体という文章を、この「あひゞき」によって知ったのである。

いっぽう、この描写によって私はある明治の日本画家の作品を連想する。菱田春草の「落葉」（明治四十二年）である（図21）。これは文展に出品され、「西洋画のような日本画」と評されたりしたものだが、たしかに桜が咲いているわけでもなく、モミジが紅葉しているわけでもない、ただの雑木林の中の光景を、ごく当たり前に描写した風景画である。それも雑木林の根方と幹ばかり。そして右と左に一本ずつ、スギとトチノキすなわち、針葉樹と広葉樹の、実生《みしょう》らしい、苗と言ってもいいような若木が生え、一方は葉が黄ばんでいる。地面にはまばらな落葉。まだ散り始めたところであろう。この二本の若木は、同窓の横山大観と自分を描いたもの、と言えば穿《うが》ちすぎかもしれないけれど、つい、そんなことを考えてみたくもなる。もちろん、今だからそんなことを考えるわけで、大観は巨樹となり、春草は若くして死んだのである。酒の飲み方ひとつをとっても、強靭な大観と、虚弱な春草との、体力と運命の違いであろうか。

これは実に国木田独歩の「武蔵野」の挿絵にもぴったりだが、独歩の「武蔵野」が出たのは一〇年ばかり前、明治三十一年のことであるから、菱田春草が読んだことは充分考えられる。いずれにせよ、文章と絵画の世界で、同じ頃に同じようなことが起きていたのである。

第七章
ルイ・ヴィトンはなぜ日本でよく売れるか

日本人の眼は接写レンズ

日本には明治の中頃まで、欧米のそれのように素直な、ありのままに描いた風景画はなかった、と前章に述べた。では、その代わりに日本には何があったのか。

それは江戸末期の一八六二年に開かれたロンドン万国博覧会（英国の初代駐日公使オールコックが滞日中に蒐集した日本の美術工芸品を出品）や、一八六七年に開かれたパリ万博や一八七三年のウィーン万博に出されて欧米人を驚かせたような、細部まで神経の行き届いた、というか、異常なまでに細部に凝った根付けや印籠、花瓶や茶碗のような工芸品と浮世絵である。

印籠や根付けなどは、男がだんだん着物を着なくなって実用上の価値がなくなり、自然に廃《すた》れたのであろうが、それ以上に、昔からのそういう美意識を引きずった身装品を普通一般に評価しなくなったからであろう。着物そのものは、大正一二（一九二三）年の関東大震災の後ぐらいまで男女ともに、家の中ではもちろん、外出する時でも日常的に着用していたのだが、江戸風の印籠や根付けなどをちゃらちゃら身につける習慣の方は廃れたのだ。今それに代わるものといえば、せいぜい、若者がケータイに付けるストラップというところか。

骨董のたぐいとしてもあまり大事にはされなかったとみえて、今の日本にはそれほどきちんと保存されてはいないようである。

しかし幕末、明治期に来日した西洋人が、こういう小物を喜んで買って帰ったであろうことは容易に想像がつく。小さくてかさばらないし面白いから、そして値段も驚くほど安いから、外国旅行の土産にはぴったりである。それにたとえば英国人ならば、彼らにはもともとドールハウス作りのような趣味があるために、根付けなどの値打ちはよく分かったに違いない。もちろん、おもちゃとして子供に与えられ、壊れて捨てられたものも多かったであろう。ともあれ大英博物館には素晴らしいコレクションが保存されている。

それを見ると、江戸の細工師らは、象牙の小さな塊に、さまざまなもの、特に魚や烏賊《イカ》、蛸、昆虫のたぐいを細かく、細かく彫っている。彫られたものの数を数えてみると、ここにもある、まだまだここにも隠れている、とその多さに驚くばかり。職人は、まるで意地になったように、これでもかと、鳥獣虫魚を彫り込んでいる。現代の普通の日本の職人にはとても作れないような入念な作品である。

中には小さな胡桃《くるみ》の中に小指の先ほどの彫り師が住んでいて、鑿《のみ》と槌《つち》をかんかん働かすにつれ、自分自身を彫り出していく、その途中の情景とも言うべき有様が彫ってあるものもある。

まさに胡桃の中の世界、もしくは宇宙卵である。

あるいはまた、明珍《みょうちん》派の作った「自在」というものがある。明珍派は本来甲冑《かっちゅう》師であったが、明治維新の頃から、新たな鎧《よろい》、兜《かぶと》製作の注文どころか、修理の仕事さえもなくなったという。それで、鉄を材料に、風鈴や、小動物を作って口を糊《のり》したのである。

昆虫や海老、蟹のような節足動物は、そのモデルにぴったりで、関節が、まさに自由自在に動く。そして作り手は、明らかにその動きの細かさを競っている。昆虫以外では、蛇が、その鱗の一枚一枚まで精密に作ってある（図22）。挙げ句の果ては、この世界に実在しないはずの鯱《しゃちほこ》まで〝実物そっくりに〟作ってあるから、いったいどこで本物を見てきたのか、と不思議がるわけではないが、その技巧に感心するのである。


またこれは、根付けではないが、擦りきれた草鞋《わらじ》の上にひっくり返ったカブトムシとノコギリクワガタの雌雄が彫られているものがあり、じつにその細部まで正確に作られていて感心させられる（図23）。こういうものを見ていると、フランス十七世紀の哲学者、ブレーズ・パスカルの言葉を思い出す。それは、「絵とは何と空しいものであろう。つまらぬものを描いて、よく似ているからといって褒められる」というものであるが、擦り切れた草鞋こそは、まさにそのつまらぬもの、「弊履《へいり》のごとく棄てる」の弊履であって、誰も捨てて顧みないものの象徴とも言うべきものである。そしてこのゴミの上の虫けらを実物そのままに彫ることに、江戸の細工師は、精魂を傾け、己がプライドを懸けたのであった。

もう少し後の時代の柴田是真《ぜしん》の漆工芸や安藤碌山《ろくざん》の象牙彫刻などはその技術のピークを示すものと言える。それ以後、そうした微細なものに凝る工芸品の質は落ちていくようである。

ところで、日本人のように小さい時から虫に親しむということのない人間が、大人になってから、いきなり虫に出遭ったらどういう反応を示すであろうか。ここにひとつ好い例がある。

それはオランダの画家、フィンセント・ファン・ゴッホである。ゴッホは、陰鬱なパリから太陽の輝く南仏に来て、「まるで日本のようだ」と喜んでいるのだが、夏になってセミの声に驚いたらしい。北国オランダ育ちの彼はこんな虫の声など聞いたことがなかったし、姿も見た

図22　明珍派の自在〈「蛇」(上)、「蟷螂」(下)〉
実物そっくりなうえ、関節が自由自在に動く

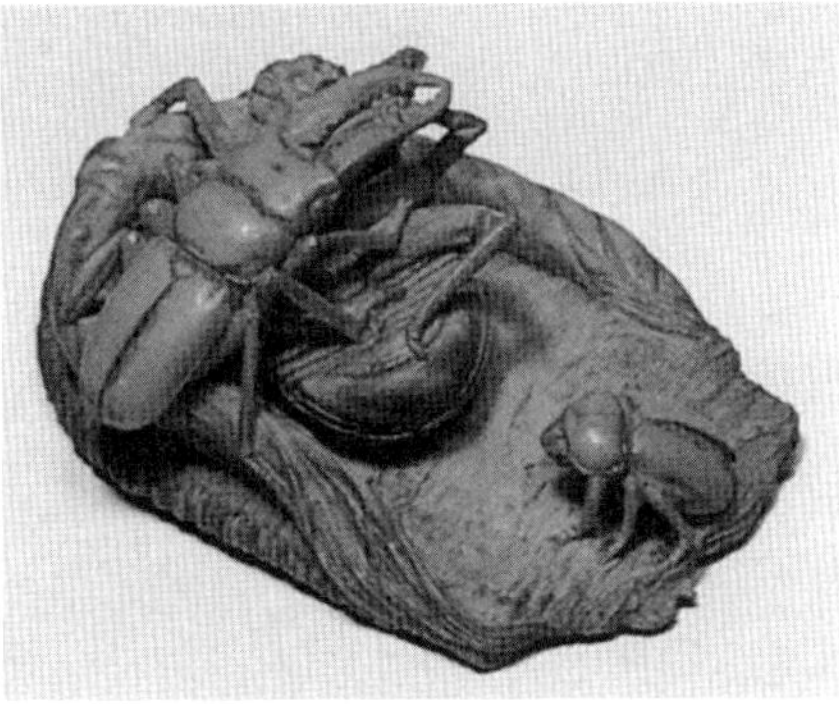

図23　宝實作「草履と虫」
〝弊履〟の上の虫が実に細緻に作られている

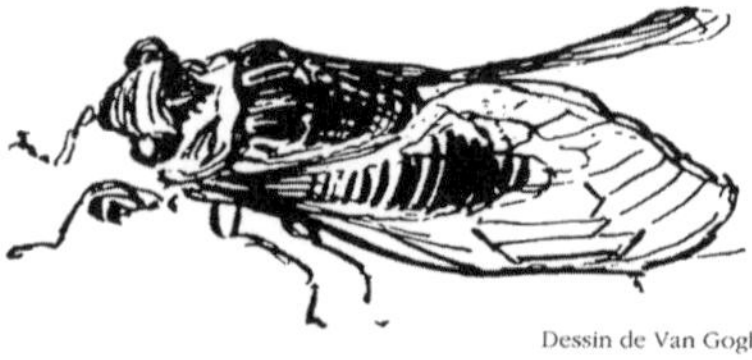
Dessin de Van Gogh.

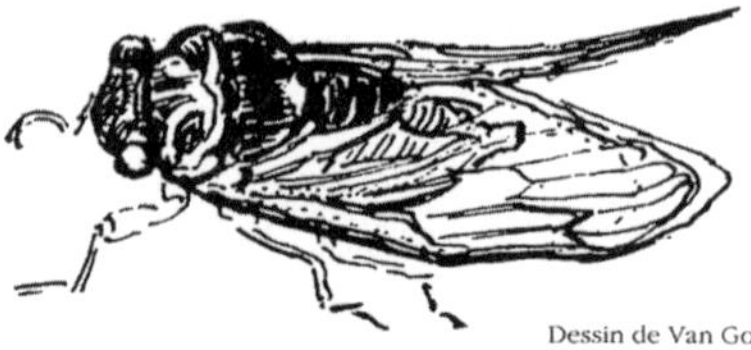
Dessin de Van Gogh.

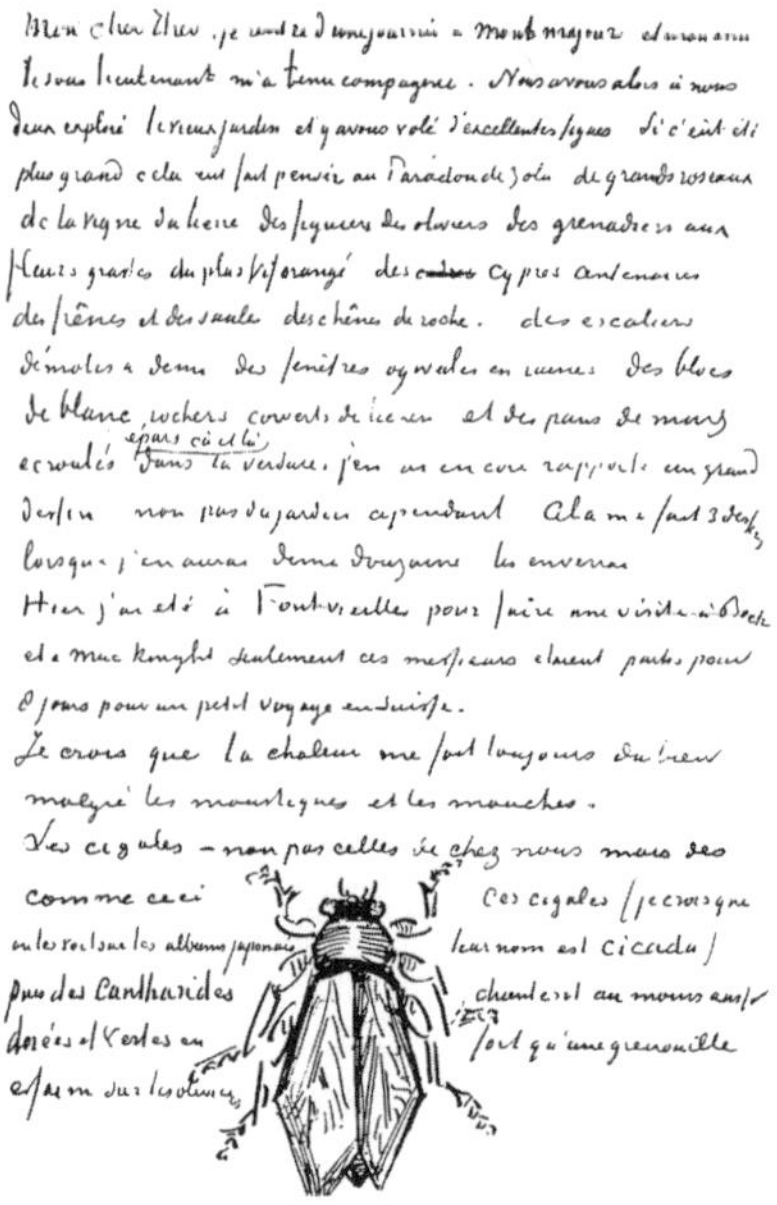
Mon cher Theo, je viens de passer une journée à Montmajour et mon ami le sous lieutenant m'a tenu compagnie. Nous avons alors à nous deux exploré le vieux jardin et y avons volé d'excellentes figues. Si c'eût été plus grand cela m'eût fait penser au Paradou de Zola de grands roseaux de la vigne du lierre des figuiers des oliviers des grenadiers aux fleurs grasses du plus vif orangé des ~~cedres~~ cypres centenaires des frênes et des saules des chênes de roche. des escaliers démolis à demi des fenêtres ogivales en ruines des blocs de blanc rochers couverts de lichen et des pans de murs écroulés épars çà et là dans la verdure. J'en ai encore rapporté un grand dessin non pas du jardin cependant. Cela me fait 3 dessins lorsque j'en aurai demi douzaine les enverrai.
Hier j'ai été à Fontvieille pour faire une visite à Boch et à Mac Knight seulement ces messieurs étaient partis pour 8 jours pour un petit voyage en Suisse.
Je crois que la chaleur me fait toujours du bien malgré les moustiques et les mouches.
Les cigales – non pas celles de chez nous mais des comme ceci
on les voit dans les albums japonais
Ces cigales (je crois que leur nom est cicada) chantent au moins aussi fort qu'une grenouille
Puis des cantharides dorées et vertes en essaim sur les oliviers

図24　ゴッホの手紙に描かれたセミ
初めは小型の宇宙人のようだが（右）、
だんだん上手くセミらしくなる（左）

ことがなかったのである。一八八八年、アルルから、弟テオへの手紙に、そのスケッチを描いている。しかしそれが何とも下手なのである。それは、いかにも初めて見た奇怪な生き物、という感じで、セミというよりは、むしろハエ、あるいは小さな宇宙人のスケッチである。異様すぎて、どこに目をつけていいか分からない、という画家のとまどいが感じられる（図24）。

　その点で、大正、昭和の彫刻家、高村光太郎の木彫りのアブラゼミの、いかにも堂に入った上手さとはまことに対照的である。

　ゴッホはまた、人物の背景に浮世絵の模写をしているが、その縁の漢字や仮名もまねして書いている。これは西洋人にはエキゾティックな日本の字らしく見えるだろうが、日本人にはほとんど判読不可能なものであったりする。ゴッホのセミのスケッチには、この漢字の模写と同じようなところがあるわけで、やはり子供の時からなじみ、それが何であるかよく理解している者でないと正確には描けないのである。

もっとも、ゴッホのセミのスケッチはいくつも存在し、後のものはずっと上手くなっている。そもそも西洋絵画の起源は……と、大上段に構える資格は私にはないのだが、西洋の古い絵には、聖書の絵解きのようなものが多いようである。創世記の物語やキリストの生涯などを民衆のために、分かりやすく素朴に描いたものが、ロマネスク教会の正面などに石を彫って一種の装飾のように掲げられている。

全能の神、そしてキリスト、マリアの肖像、最後の審判の光景。それから、うんざりするほどの残虐極まる殉教図などがまず描かれ、その次の時代には王侯貴族の、その権勢を示すような姿が描かれるようになる。

日本でも、仏画から始まり、民衆教化のための地獄絵図などが広まっていくわけだから、似たようなものだけれど、その後が違ってくる。西洋では人物とともに街の全景などが好まれるのだが、日本では物語絵巻になっていく。さらに西洋では、人間以外の生き物は、王侯の持ち物の、馬、犬、猫どまりで、それより小さいものは眼に入っていない。

虫となると、十六世紀初頭のオランダの画家、ヒエロニムス・ボスの「最後の審判」や「乾草車」にあるように、堕天使、および悪魔とイメージが連なっている。とにかく、虫を目にすることがあっても、それを自然界の生き物として見るのではなく、キリスト教的解釈や迷信を交えて見るのである。同じオランダの同年代の女流画家の例を挙げると、マリア・シビラ・メーリアンの伝記の中にこんな記述がある。

マレルの弟子ミニョンの視界は、また別のほうへ開けていた。彼にとって虫は忌まわしい魂の持ち主で、彼は虫を死と腐敗の象徴として描いた。後年の作品では、熟しすぎた果物から虫が顔を出している。スモモの果肉を貪るイモムシ、苦労して桃の皮を運ぶアリ、穴だらけのサクランボにまといつく甲虫。ミニョンは植物と動物をモチーフにキリスト教と倫理の原理を象徴的に描こうとする伝統の流れを受けていた。その頃の昆虫画で最も素晴らしい作品は、一五九二年のヤーコブ・フフナーヘルによる銅版画アーキティバ（原型）で、花はいつかしおれるが徳は永遠に栄えるという意味のラテン語の文句の上に、トンボとクモが精緻に描き込まれている。ウジとハエは「メメント・モリ」つまり死を思い起こさせるものとされる。ウジやハエが勢いを増すのは魂が肉体を離れる時だからだ。ハエは悪魔の形象だった。アリは勤勉の象徴となり、キリストはミミズやクワガタムシやバッタの中に見出された。また毛虫から蝶への変身は特に宗教的な想像力を刺激し、幼虫は人間としてのキリスト、蝶はよみがえったキリストと解釈された。

（キム・トッド著、屋代通子訳『マリア・シビラ・メーリアン』みすず書房）

図25　人の顔のある蝶や蛾の蛹
かつては昆虫を不吉なもの、汚らしいものとして忌み嫌っていた

ほとんどの人は虫など、不吉なもの、汚《けが》らわしいものとして忌み嫌ったようである。十九世紀のファーブルの時代でさえ、たとえばイモムシなどは、毒があるといって恐れられたという。古い時代に描かれた虫の絵は、たとえば、蝶、蛾の蛹など、よく見ると人の顔をしていることがある（図25）。精密で写実的な虫の絵は、このメーリアンの『スリナム産昆虫変態図譜』（一七一九年）まで待たねばならなかったのである。

西洋では、先にも述べたように鳥や獣のような野生生物の場合、その生きた姿が書かれると共に、狩りの獲物として写実的に描かれ、静物（ナチュールモルト）、すなわち「死んだ自然」と呼ばれるのだが、日本では死んだ鳥や獣が絵の主な題材として描かれることはなかったようである。

日本の美術品が西欧世界に広く知られるようになったひとつの大きなきっかけは、既に言ったとおり一八六七年のパリ万国博覧会である。ナポレオン三世のフランスから徳川幕府に要請があったわけだが、薩摩藩も佐賀藩も出品している。よくまあ、現地で斬り合いにならなかったものだと思うけれど、そんな紛争は特になかったらしい。

日本から送り込まれた、そうした大量の工芸品や絵画などが印象派の絵描きのみならず、一般に広く知られるようになっていくのはよく知られているところであるが、浮世絵と並んで家紋のデザインが西洋人にとっては斬新なものであったに違いない、と私は想像する。西洋では紋章といえば、庶民とは縁のない、貴族の地位や家柄を示すもので、立ち上がったライオンや鷲が盾の中に描かれるとか、それに斜線が引かれて、庶子であることを示すとか、約束事、記号の世界なのだが、日本では違う。

そこには植物や虫のような小さなものの特徴をよくとらえた新奇なデザインがあった。鷹の羽根を二枚組み合わせた、違い鷹の羽とか、蝶をデザイン化した揚羽の蝶とか、象徴性とシンプルさの中に遊びがある。その優れたデザインが西洋人の中の心ある人々の興味を引いたはずである（図26）。

その頃、もともと植物が好きであった北フランス、ナンシーのガラス工芸家、エミール・ガレは、日本の浮世絵から影響を受けた。そして実際に、日本の元サムライで絵をよくした、フランス留学中の鉱山技師、高島北海《ほっかい》にも、花や虫の細部を見つめ、描くことを教えられたのだろう（図27）。ルイ・ヴィトンは、その日本の家紋をアレンジして、旅行鞄などにあしらった。

それがいまだに世界で、そして特に日本でよく売れているわけである。

日本人がなぜ、同じことをしなかったのかというと、日本人には家紋の意味が分かるからである。それらがいちいち、どこのお家の家紋であるというようなことが分かる人間にとって、それを勝手に、しかもまぜこぜに、鞄やハンカチの模様に使うことなどもってのほかであるが、〝ガイジン〟デザイナーであるルイ・ヴィトンには、意味よりもデザインの斬新さが第一だった。そうして日本でルイ・ヴィトンが売れているのは、それがジャポニスムであり、つまりは里帰りだからなのである。

夏目漱石の「それから」には、当時の有閑階級の婦人が気に入ったデザインの布地を見つけ、高価なのをいとわず、わざわざフランスから取り寄せて帯を仕立てさせたのだが、三越でよく

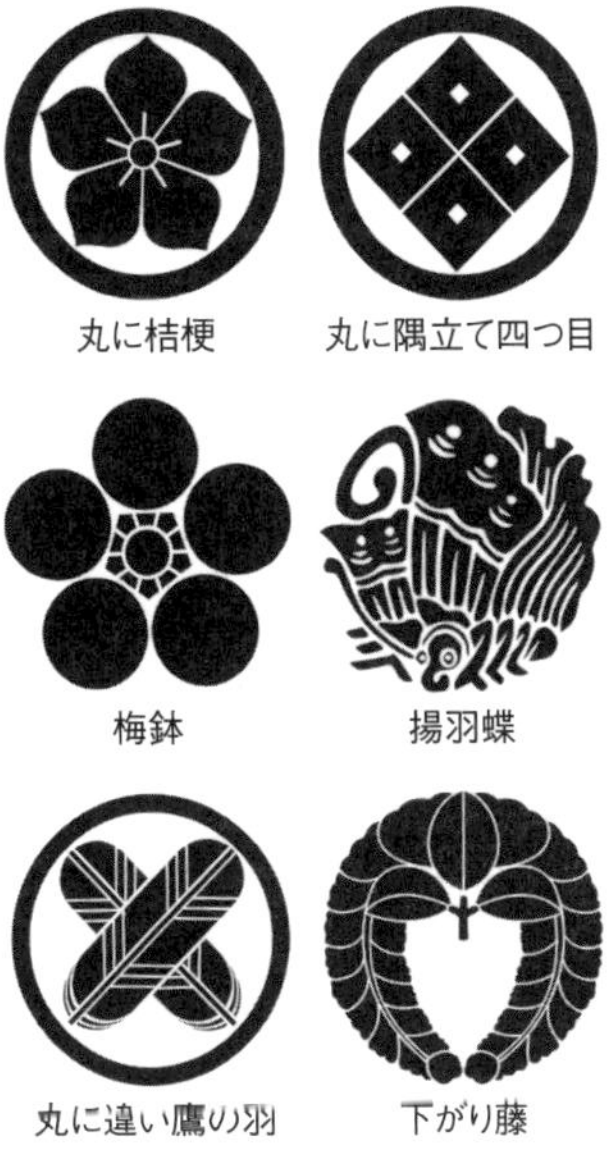

図26　日本の家紋
植物や虫などを象徴化し
シンプルにデザインしてある

図27　エミール・ガレ「春草昆虫文花器」
つくしや蝶が賑やかに描かれている

よく調べてもらうと、それが何のことはない、日本の生地であったという笑い話が出てくる。これは実話であろう。

万国博覧会は、その後も一八七三年にウィーンで、次いで一八七六年にフィラデルフィアで開かれる。そして日本趣味はますます欧米世界に広まっていく。

西洋に虫の絵は非常に少ないと言ったが、それとは大違いで日本では、トンボやカブトムシやコオロギ、キリギリスの絵はごく普通に描かれている。薄《すすき》に止まるキリギリスの絵をよく見ると、その虫が前肢に着いた露の玉を吸っていたりする。それどころか、そういう虫は、絵画、工芸品、そして俳句、和歌の最もありふれた主題である。ラフカディオ・ハーンは、日本に来て、日本人が、虫の声を愛することを発見し、非常に喜んでいる。アイルランドと並んで自分のルーツのひとつである、ギリシャの文化を思い出させたからである。

セミのいない北フランスや英、独の人たちがセミとコオロギなどを混同し、我々日本人から見るとずいぶんトンチンカンなことを言うわけだが、南欧ではセミはよく知られた虫である。実際に南フランスでもイタリアでもギリシャでも、セミの声はイヤでも耳に入る。ジージー、ギーギーとうるさくてかなわないほど。ただし、あちらのセミの声は単調なのである。昆虫学的国粋主義から言うのではないけれど、その点、日本のセミはミーン、ミーンとか、カナカナとか、ツクツクボーシとか、変化に富んだ面白い声で鳴く――というようなことはさておいて、セミの鳴くギリシャには古代からセミの文化が存在した。ミッシェル・ブーラール（元パリ国立自然史博物館教授）、ベルナール・モンドン共著の『セミ大全』（Michel BOULARD & Bernard MONDON, *Vies & Mémoires de Cigales : Provence : Languedoc Méditerranée*）（Éditions de L'Équinoxe 1995）には、古代ギリシャ人や南仏人がセミを愛したことが詳しく述べてある。そこに掲げられている紀元前六世紀の詩人、アナクレオーンのセミの詩を引用しよう。と言っても、もとは古代ギリシャ語で、私が見つけたのは英訳と仏訳であるから、大正七（一九一八）年出版の荒川重理《しげみち》著『趣味の昆虫界』（警醒社書店）から文語訳を借りることにする。

あはれ蟬よ、われ等は汝《ナレ》を幸あるものと思ふ、
そは汝王の如くたゞ僅かなる露をのむのみて
樹梢に歌唱ひつゝ過ごせばなり、
野にて見るもの、時の産物皆これ凡て汝のものよ、汝は亦、野辺の農夫の友なり、誰一人として汝を害《そこな》はんとするものなし。
人は汝を楽しき先駆として讃美し、ミューズの神は汝を深く寵《いつく》しむ、フエブス神は汝を寵し鋭き歌声を汝に与へき。
長き時世、汝を滅ぼすことなし。
あはれ恵まれたるものよ、――地上に生れて歌を好み、苦痛をなめず、肉あれど血のなきも

のよ、なれこそはげに神にも近きものなるかな。(荒川重理著『趣味の昆虫界』警醒社書店)

「フエブス神」とはアポロのこと。アポロこそは光と芸術の神である。太陽を熱烈に愛し、鳴きしきるセミは、アポロの歌姫なのである。それにしても、

「あはれ恵まれたるものよ、——地上に生れて歌を好み、苦痛をなめず、肉あれど血のなきものよ、なれこそはげに神にも近きものなるかな」

とは、最上級の讃歌である。

古代ギリシャの遺跡からはセミを象《かたど》ったバラ色のテラコッタが発掘されているが、モンドンは、南仏の土産店に見られる、それを近代化したようなセミの焼き物の物語についても詳しく記している。

それによればセミの文鎮を初めて製作したのは、マルセイユ近郊オーベールの彫刻家で陶工のルイ・シカール(Louis Sicard　一八七一—一九四六)で、一八九五年のことであるという。

南フランスにおけるセミの文化についてはいずれ別の機会に紹介したい。南仏に行った日本人客の中には、このセミの土産を見つけて「へえー、フランス人もセミが好きなんだ」と、買って帰る人も多いようである。

日本の春画は世界一の細密描写

絵の世界における、日本人の眼の接写レンズ的働きが生み出した成果の最たるものは、いきなり、とんでもないことを言うようであるが、それは春画であろう。中国や西欧その他の国の作品に日本の春画のように克明に、男根の血管、陰毛までを描いた精緻なものがあるだろうか。

江戸文化研究家の田中優子氏によれば、春画において男女の性器が誇張して描かれているのは、これが一種のお守りとして機能していたことの名残であるというが、それにしても、元々細かくよく見る眼がなければこんなふうには描けないであろうし、これほどまで細部を描き込んだ版画を完成するには、絵描きのみならず彫り師、刷り師にも相当の意欲がなければなるまい。一本一本毛を描き、そのとおりに彫り、線がつぶれないよう、かすれないよう刷っていく技術、熱意は実に異様なほどのものである。

中国文学者、中野美代子氏は、中国の春画と比較した日本のそれについて次のようなことを指摘している。

中国の春画では、男たちは穴さえあれば入れるという、性の経済学を描いていた。老いた役者どうしの、あの嫌悪感をさそうような「後庭花」の絵も、かれらの男色嗜好をあらわしているわけではなく、「あちらがないから、やむなくこちら」だったのである。その点で、サド『ジュスチーヌ』のイラストと似ているのかもしれないが、サドの狂宴《オルギア》にたいし、じじいカップルはもっとせっぱつまっていた。「大人の男の幻想」どころではなく、ただ渇をいやす穴をもとめているというところか。

してみると、日本の春画で「男色をここまで赤裸々に描いた図も珍しい」という現象の裏に、日本の春画でとりわけ特徴とされる男女の性器の誇大な表現は、なにゆえに生まれたのかという謎を解く鍵もかくされているように思われる。

ことがらの発端は、やはり、日本の春画の極端なまでの「褻視《せつし》」性にあったのではあるまいか。おおむねは閉じられた四畳半的な空間における性交渉。いきおい当事者ふたりはクローズアップされ、それにつれて男女の着物やらまわりの小物などの描出に絵師たちは情熱をかたむけた。そして、それ以上に、絵師たちの目は性器そのものにむけられたのである。歌川国虎が作者不明の《男女寿賀多《おとめすがた》》に描いた絵に、初老の絵師が妾宅に来て、妾にあられもない姿で秘所をあらわにさせたうえで、眼鏡をかけ秘所を「褻視」しつつ写生しているというのがある。これも、スクリーチ氏が「その秘戯図が決して好色画などではなく、科学的動機をもつものであると主張する絵師」としているが、「科学的動機」であろうとなかろうと、日本の春画が究極的にめざしていたのは、ふだんはもっとも奥に秘しかくされているものを、あらん限りあらわに暴いて、虫眼鏡を使ってでも洞窟内部まで探検することだったろう。

「大開絵《おおつびえ》」はその極限の「褻視」的な表現であった。とくに歌川国貞の枕絵本《吾妻源氏》

（一八三七）における「大開絵」の精巧さ、「執念の毛彫り」（三五頁図⑩）の息を呑むような繊細さは他に類を見ない。

（中野美代子『肉麻《ろうまあ》図譜』作品社）

少し解説をすれば、「大開絵」の開という字は、江戸時代によく使われた言葉で、女性性器を表す。そして「つび」はその古語である。方言では現在でも「ぼぼ」という。それで、作家の吉行淳之介は友人の開高健の名に、「ぼぼだか　すこやか」と振りがなを振ってからかったというのは、もちろん余談である。そう言えばオルセー美術館の目立つところに堂々と展示されているギュスターヴ・クールベの、画面いっぱいに股を開いた女性を描いた油絵、「世界の始原」などもこの「大開絵」に想を得たものかもしれない、などと思われてくる。

ところで、ここにある「老いた役者どうしの……」云々が気になる方は、ぜひとも中野氏のこの、あっけらかんと大らかで、愉快で、奥深い著作をお読みいただきたいが、氏はさらに、日本の春画の特徴を、しばしばオープン・エアの下で展開される中国の春画と比較してこうも述べるのである。

（日本の春画では）背景としての小物類をこまごまと正確に描くのみならず、女の性器の描写に至っては、いわゆる「大開絵《おおつびえ》」に象徴されるように、視線を対象物に極度に接近させて描く（図⑩）。そのような視線を、私は「褻視《せつし》的」と呼んでおいた。「窃視《せつし》症」つまりスコプトフィリアということばはあるが、「褻視」ということばは、じつはない。しかし日本の春画を見ていると、わざわざ造語してまでも「褻視」ということばを使わないではいられない。

（同前）

中野氏の造語「褻視」とは、対象に眼を近づけ、対象とその近傍だけを熟視するということだそうである。これだけ書かれてしまうと、私としてはもう、何も言うことがないようなものであるが、その尻馬に乗って、これと同様のことが、日本人の自然観全般についても言えると指摘しておきたい。すなわち日本人は小さい虫などを、接写レンズ的な眼で細かく見る眼、中野流に言うと「褻視」する眼を持っているのである。そしてその眼はどうやって培われたのかと言うと、それこそまさに同義語反復《トートロジー》だが、小さい子供の時から虫を捕り、それを凝視してきたからなのである。

虫捕りが接写レンズの眼を育てる

明治、大正生まれ、いや昭和でも、戦後の昭和三十年代ぐらいまでに生まれた人の自伝などを読んでみると、子供の頃夢中になった遊びとして必ずと言っていいほど、蜻蛉《とんぼ》捕り、あるいは蜻蛉釣りの話が出てくる。

この場合の蜻蛉とは、アカトンボやシオカラトンボのことではなくて、あの彩り美しく、雄大なギンヤンマでなければならない。この大きなヤンマは、かつて、と言っても、昭和三十年頃になって全国に農薬が普及する、それ以前の話であるが、日本中の水田、池沼にごく普通に見られた。そうして夕方ともなると、ちょっとした広場の上空に群れをなして、いわゆる黄昏飛翔を行い、蚊を食うのであった。知らない人には通じるはずもない話であるから、まずその魅力を、洋画家で、ガラス絵で有名な、小出楢重《ならしげ》の文章「下手もの漫談」によって紹介しよう。彼は明治二十（一八八七）年大阪の生まれである。

蜻蛉《とんぼ》の羽根と胴体を形づくる処のセルロイド風の物質は、セルロイドよりも味がデリケートに色彩と光沢は七宝細工《しっぽうざいく》の如く美しい。あの紅色の羽根が青空に透ける時、子供の私の心はうれしさに飛び上った。そしてあの胴体の草色と青色のエナメル風の色沢は、油絵の色沢であり、ガラス絵であり、ミニアチュールの価値でもあった。

私の夏は蜻蛉《とんぼ》釣り以外の何物でもなかった。夕方に捕えた奴をば大切に水を与え、翌朝は別れをおしんで学校へ行くのだ。学校では、蜻蛉の幻影に襲われて先生の話などは心に止まらない。

ある時、算術の時間中、私は退屈して、蜻蛉が、とりもち竿《ざお》でたたかれる時の痛さというものについて考えつづけた。竿があの草色のキラキラした頭へ衝《つ》きあたった時は、どれ位いの痛さだろと思ってちょっと頰《ほっ》ぺたを平手で試《た》めして見た。も少し痛いかと思って少し強く叩《たた》いて見たがどうもまだなまぬるかった。とうとう私は夢中になって私の頰《ほお》をぴしゃりと強く打ったものだ。忽《たちま》ち静かな教室の皆の者が私の顔を見た。私は蜻蛉に同情したために放課時間中、教室に一人立たされていた。

でも、早くあの蜻蛉に会いたくて走って帰ると、蜻蛉は猫に食べられて二、三枚の羽根となって散了していた。私は地団太《じだんだ》踏んで泣いた。とうとう、丁稚《でっち》と番頭につれられて、八丁《はっちょう》寺町《てらまち》へ大蜻蛉狩りを行った事である。

（芳賀徹編『小出楢重随筆集』岩波文庫所収）


蜻蛉の他にも、子供の遊びとして、カブトムシやクワガタムシを闘わせることがあった。子供たちは、早朝、朝露に濡れながら、クヌギ林にこれらの虫を捕りに行く。虫の呼び名にも地方変異はあり、カブトムシは「弁慶」、その雌は失礼にも「豚」と呼ばれた。立派なクワガタは、京都などでは「源氏」と呼ばれていたが、地方によってはのこぎりクワガタを「カジワラ」と呼んでいたという。「カジワラ」は、義経の敵役、梶原影時のことであろうか。

子供の遊びは虫にとどまらず、目白などの小鳥を捕ることもあった。作家の菊池寛の思い出の中に、モズを捕える話などがあり、そっちの方も非常に興味深いのだが、ここでは蜻蛉捕りの話だけを引用しておく。


私の少年時代の娯楽は、蜻蛉《とんぼ》釣りと魚釣りである。蜻蛉釣りはなかなか得意であった。蜻蛉が遊弋《ゆうよく》する場所は、大抵定まっているもので、その場所へ行けば、蜻蛉は楕円形《だえんけい》を描いて飛んでいた。それを、最初釣竿で、はたいて落す。むろん、首が飛んだり、尾が飛んだりするが、しかしそれで囮《おとり》には充分だった。それを三尺位の竿に先《さ》きに二尺位な糸をつけ、その糸の端に結《ゆわ》えつけて、蜻蛉釣りの囮にしたものだ。だが、こうして飛んでいるものは、青色の雄ばかりである。茶色の雌はツガイで飛んで行く場合か、夕暮に五、六間《けん》の空を虫を喰うために、飛ぶだけである。ところが、広津和郎《ひろつかずお》氏の説に依《よ》ると、青色の方こそ雌で、茶色の方が雄だと云うのである。僕達が、少年時代から信じていたことの逆なのである。もし広津氏の説が本当だとすると、雌を釣ることになるのだが、生物界では大抵雌に依って雄が釣られることになっているが、蜻蛉だけはその逆なのだろうか。横山桐郎《よこやまきりお》博士にでも訊いて見ようと思っている。

とにかく、僕の信じている雄で雄を釣るのであるが、しかし之《これ》は釣られる方で、此方《こちら》の囮を雌だと思って飛んで来るのである。だから、囮が雌だといよいよ都合がいい。雌の蜻蛉を捕えるのにはツガッている蜻蛉を捕えるのだが、僕の地方ではツガッている蜻蛉のことを、オーチョと云った。このオーチョは子を生むために蓮池《はすいけ》などに集るのである。それを捕えるのには、オーチョ伏せと云って、三角形の網に二間位の柄《え》をつけたものをこさえ、オーチョが水面に止まった所を上からかぶせて取るのである。こうして取った雌を、僕達は非常に大切にしたものである。もう一つ、雌を取るのには、豆釣りと云う方法があった。それは、女の髪の毛を三、四尺につぎ合わせ、その両端に小石を紙にくるんで、くくりつけて置く。それを三つも四つも用意して夕暮を待つ。夕方になると蜻蛉が、五、六間の空を飛び廻《まわ》って虫を喰い歩く。そのときにこの豆ヅリを蜻蛉めがけて放り上げるのである。すると、蜻蛉はその両端の小石の紙包みを虫かと思って、喰《た》べに来るので、そのときに髪の毛が蜻蛉の身体にからんで、落ちるようになっている。五度に一度位うまく引っかかるのである。この豆ヅリの法は僕の国だけかと思っていたが、小島政二郎《こじままさじろう》氏に訊くと、東京でやるそうであるから、恐らく全国的なものであるかも知れない。

（菊池寛「半自叙伝」、『半自叙伝・無名作家の日記　他四篇』岩波文庫所収）

小出楢重と菊池寛、二人の文章の中で、蜻蛉釣りの獲物として語られているのは、先述のとおり、ギンヤンマでなければならない。ギンヤンマは水田や池の王者とも言うべき、立派な美しいヤンマの一種である。

ギンヤンマの雄は、昼間は池や水田で縄張り飛行をしているが、夕方になると、原っぱやグラウンドのような開けた土地に集まって、蚊などを捕食する。縄張り飛行の時は用心深く、しかも飛翔力にたけていて、幼い子供の力ではとても捕獲できないが、夕暮れ時には比較的捕えやすい。しかも昼間は雌が単独で飛んでいることはほとんどなく、必ず雄とつがいになっているのだが――そしてこのつがいを捕ることが子供の最大の手柄なのだが――夕方には雄も雌もほぼ同数、単独で飛んでいる。だから、この時に雌を捕って、夜の間、籠に入れて水を飲ませ、ハエを食わせるなどして養い、翌日囮として用いる。蚊帳の中に放して、飛ばせて楽しむこともある。

菊池の文にある横山桐郎博士は、当時、昆虫に関する啓蒙的な随筆を書いて人気のあった昆虫学者であるが、横山先生に訊いてみなくても、ギンヤンマの、腰の部分の青い方が雄なのである。それにしてもこの文章を読んだだけでも、文士仲間の、広津和郎、小島政二郎らとこんな話が通じたことが分かる。

蜻蛉釣りは、日本中でさまざまに行われたが、菊池の述べている、最初に囮を手に入れる方法、つまり、まず釣竿で叩き落すというのは、ずいぶんと乱暴なやり方で、剣術で言えば示現《じげん》流か何かを連想させる。釣竿で叩き落とせばヤンマは死んでしまい、糸でしばって飛ばそうとしてもキリキリ舞いをする。しかしその死んだ囮でも効果はある。すなわち、ギンヤンマの雄は、他の雄が自分のテリトリーに入ってくると追い出そうとして近寄ってくるので、その囮に気をとられた瞬間に、捕獲のチャンスがあるのだ。

かく言う筆者の時代は、小学生の終わり頃から農薬が普及し始めて、日本の自然が根本的に破壊された時代なのだが、その低学年の頃にはまだ健康な自然が残っていた。あの頃のギンヤンマの個体数というものは、今の人にはとうてい想像することもできぬほどのものであった。蜻蛉ばかりではない、家の裏のほんのひとまたぎほどの小川をせき止めて水を掻い出していくと、こんな小さな流れなのに！　と驚くほど、川の底からぴちぴち、にょろにょろと鮒《ふな》や泥鰌《どじょう》が姿を現す。これがまた子供にこの上ない興奮を与え、これらを捕って飼うことは無上の楽しみであった。

魚掬《すく》い、蛍狩り、カブト、クワガタの喧嘩。こうした、幼年時代の小動物を相手にした遊びをしたことのある人と、そうでない人とでは、物を見る眼が違う。かつての日本人は虫捕りに熱中することによって、小さなものを細かに見る眼、いわば接写レンズの眼を磨いてきたのである。

そうした眼の持ち主は大人になっても、山野の草木に目を留め、鳥の声を聞き、花を愛でる習慣は変わらない。すなわち花鳥風月である。

日本人は春になると桜の花の咲くのを今か今かと待ちかまえ、それが咲くか咲かぬかのうちにもう、地面に茣蓙を敷き、その下で酒を飲み、御馳走を食べて酔いしれることを楽しむ。テレビの天気予報でもその時期には、日本各地の桜の開花予想ということを必ずする。「桜のつぼみが膨らみかけてきました……」などというのは、外国人にとっては不思議な天気予報であろう。

花見と言っても、ただじっと花を見ているだけではなく、酒を飲む。酒を飲むといい気持ちになる。すると話がはずむだけではなく、歌を歌い、舞いが舞いたくなる。俳句和歌を詠む。教養のある武士などは漢詩を作る。町人は、俳句、和歌を詠み、それを色紙、短冊などに書く。

日本人の一生と自然の付き合い

（老・孤）　石、盆栽、朝顔、蘭鋳《らんちゅう》、鳴く虫……渋茶

｜

花見、紅葉狩り、月見、花鳥風月、詩、書、画、舞、唄……酒

｜

ホタル狩り

｜

（幼・群）　カブト、クワガタ、ギンヤンマ捕り、魚掬い……西瓜、氷

図28　自然を見る眼は年齢とともにその対象が変化していく

しかし、その字があまりに下手だと恥ずかしいから、日頃から手習いということをする。器用な人は絵まで添える。それが芸術になっていく。日本の芸術はその根底に花鳥風月の美意識を有しているのである。

春は花、秋は紅葉である。「紅葉狩り」などという言葉を、たとえば英語に直訳するとどうなるか。maple hunting か。紅葉の木を鉄砲ででも撃つのか？　というような頓珍漢《とんちんかん》なことになりはしないか。

人もやがて壮年を過ぎ、老年になると、あまりエネルギーに満ちた、生々しいものは煩わしくなる。人間の方が枯れてくるのである。すると生きて動きまわるものより、もう少し静かなものがよい、と思うようになる。動かぬものの最たるものは石である。水石、庭石、硯に凝る。花でも朝顔や万年青《おもと》がよい、盆栽がよいという

ふうになる。花鳥風月が枯淡になるのである。金魚は蘭鋳《ランチュウ》、そして鳴く虫の音を愛するようになる。幼年時代は友達と群れていたのに、その頃ともなると同年の遊び相手も少なくなり、勢い孤独にもなる。

これを表にすると図28のようになるであろう。

花見

西洋にピクニックはあっても、花見はない。花見をする文化は世界に稀、というか、私は寡聞にして、日本人の他に花見の文化を持つ民族を知らない。

サクラ、桜と日本人はうるさく言うが、西洋人にとって、実の食べられないサクラなどは無意味なものである。あちらでは、美しいものもたいてい、実質を伴わなければならない。フランス語で cerisier du Japon（スリズィエ・デュ・ジャポン）というのは実桜ではなくて、花だけの桜であって、それは別に評価の高いものではないから、ほめられているなどと思い違いをしてはいけない。

チェーホフの有名な芝居は「桜の園」と上手に訳されて、春、一面に咲く花の美しさの印象が前面に押し出されているようなところがあるけれど、これは桜は桜でも、桜桃の果樹園、つまりサクランボ畑なのである。西洋人にとっては、別にサクラでなくてもかまわない。アンズでも、アーモンドでも、プラムでも、要するに白っぽいピンクの花の咲くバラ科の果樹などれも同じようなものであって、「敷島の大和心を人問はば、朝日に匂ふ山桜花」（本居宣長）などとサクラを特別視しているのは日本人だけなのである。ついでに言えば魚の中で鯛をやはり特別扱いするのも日本人だけのようである。実際に地中海の鯛（ドラード）などは、日本の、それも西の海のものとはまったく味が違う。それにしても優勝力士が大きな鯛を摑んでいるところは、外国人には奇異な光景であろう。

「桜の園」の芝居の主人公は貴族の農園主である。かつて家が栄え、人手があって手入れされていた頃には、サクランボの果樹園は、毎年枝もたわわに実をつけ、収益をもたらしていた。ところが、その貴族の生活が上手くいかなくなってきた。つまりは、時を得ない、意欲のない、まさに斜陽の、没落するしかない人間の話なのである。それが特に戦後日本の、時代の変革についていけないインテリ層の観客に受けたのであろう。

もっともこんなことを単に指摘しただけでは面白くもなんともないから、もう少し詳しく神《じん》西《ざい》清の名訳で紹介しよう。

主人公はラネーフスカヤ、「女地主」とある。かつてのロシアの地主階級は広大な土地を所有し、多数の小作人どころか、農奴を使って贅沢な暮らしをしていた。農奴の「奴」は奴隷の「奴」である。フランス人の家庭教師を雇い、家の中ではフランス語を喋っていたようである。

しかし、だんだんと世の中が変わり、何もかも人任せにしていた貴族階級は窮迫するようになる。ラネーフスカヤの家もその典型なのだが、本人は時代の変化にどう対応していいか分からず、昔の生活を続けようとしている。いわば思考停止である。無一文に近いのに駅の食堂では相変わらず一番高い料理を注文するし、ボーイには多額のチップを与える。

そういう家にはもちろん、いろいろな人間が入り込んでくる。たとえばロパーヒンという男。この男の父親は農奴だったというから、時代の変転、階級の入れ替わりがはっきりしている。

ロパーヒン　あなたのお兄上、このガーエフさんは、わたしのことを下司《げす》だ、強欲だと言われますが、そんなこと、わたしはいっこう平気です。なんとでもおっしゃるがいい。ただわたしののぞむところは、あなただけは元どおりわたしを信用してくだすって、そのえも言われぬ、しみじみしたお眼を、従前同様わたしにそそいでいただきたいということです。いやはや、思いだしてもゾッとする！　うちの親父は、あなたのお祖父《じい》さんやお父さんの農奴だった。ところがあなたには、ほかならぬあなたという人には、わたしはいつぞや一方《ひとかた》ならぬお世話になったことがある。それでわたしは、いっさいをきれいに忘れて、あなたを肉親のようにおしたいしています……いや、肉親以上にです。

（チェーホフ著、神西清訳『桜の園・三人姉妹』新潮文庫）

「いっさいをきれいに忘れて」というこの言葉には階級の恨みがこもっている。ところがそんな話もラネーフスカヤの耳には入らない。

ラネーフスカヤ　わたし、じっとしちゃいられない、とてもだめ……（ぱっと立ちあがって、ひどく興奮のていで歩きまわる）うれしくってうれしくって、気がちがいそうだ。……わたしを笑ってちょうだい、ばかなんですもの。……なつかしい、わたしの本棚《ほんだな》……（戸棚にキスをする）わたしのちっちゃなテーブル……

ガーエフ　おまえのるすのまに乳母《ばあや》が死んだよ。

ラネーフスカヤ　（腰をおろし、コーヒーを飲む）ええ、天国にやすらわんことを。知らせをもらいました。

ガーエフ　それに、アナスターシイも死んだ。やぶにらみのペトルーシカは、うちから暇をとって、今じゃ町の署長のところにいる。（ポケットから氷砂糖の小箱をとりだし、しゃぶる）

ピーシチク　わしの娘のダーシェンカが……よろしくと申しました……（同前）

ラネーフスカヤは、久し振りに自分の家に帰ってきたことが嬉しくて、嬉しくて、ただそれだけ。他人の話は上の空である。乳母たちが死んだことさえどうでもいい。いい歳をして自分のことで精いっぱいなのである。人情味というものがない。

開発業者、今で言うデベロッパーのロパーヒンは辛抱づよく話を続ける。簡単に引きさがるような男ではない。儲け話で釣ったり、脅したり、実に言葉たくみである。

ロパーヒン　わたしはあなたに、何かとても愉快な、楽しい話がしたいのですが……（時計を出して見る）そろそろ立たなければならんので、おしゃべりをしているひまがありません……でまあ、ごくかいつまんで申しあげます。すでにご承知のとおり、お宅の桜の園は借財のカタで売りに出ておりまして、八月の二十二日が競売の日になっています。しかし、ご心配はいりません、奥さん、どうぞご安心ねがいたい、打つ手はあります。……そこでわたしの案を、よくきいていただきたいのですが！　あなたの領地は、町からわずか五里のところにあって、しかもついそばを鉄道が開通しました。でもし、この桜の園と川ぞいの土地一帯を、別荘向きの地所に分割して、それを別荘人種に貸すとしたら、あなたはいくら内輪に見つもっても、年《ねん》に二万五千の収入をおあげになれるわけです。

ガーエフ　失礼だが、つまらん話だな！

ラネーフスカヤ　あなたのお話、どうもよくわからないわ、ロパーヒンさん。

ロパーヒン　つまり別荘人種から、三千坪に対して最低年二十五ルーブリの割で、地代をとり立てられるわけです。もし今すぐに広告なされば、このわたしが保証しますが、秋になるまでには一っかけらの空地も残さず、みんな借り手がつきますよ。早い話が万歳です、お家ご安泰というわけです。なにしろ場所がらは絶好だし、川は深いし。ただ、もちろん、そこらをちょっと掃除したり、片づけたりはしなければなりません……たとえばまあ、古い建物はみんな取りはらってしまう。さしずめこの屋敷なんか、もうなんの役にも立ちませんからね。それに、古い桜の園なんかも伐《き》りはらってしまう……

ラネーフスカヤ　伐りはらうですって？　まああなた、なんにもごぞんじないのねえ。この県のうちで、何かしらちっとはましな、それどころかすばらしいものがあるとすれば、それはうちの桜の園だけですよ。

ロパーヒン　そのすばらしいというのも、結局はだだっぴろいだけの話です。桜んぼは二年に一度なるだけだし、それだって、やり場がないじゃありませんか。だれひとり買手がないのでね。

ガーエフ　『百科事典』にだって、この庭のことは出ている。

ロパーヒン　（時計をのぞいて）これといった思案も浮かばず、なんの結論も出ないとなると、八月の二十二日には、桜の園はむろんのこと、領地すっかり、競売に出てしまうのですよ。思いっきりがかんじんです！　ほかに打つ手はありません、ほんとです。ないとなったら、ないのですから。

（同前）

この話を傍で聞いていた老僕、八七歳のフィールスが、昔を懐しんで言う。古めかしいお仕着せに、丈の高い帽子をかぶっている。どうやら老耄《ろうもう》していると皆から思われているらしい。

フィールス　昔は、さよう四、五十年まえには、桜んぼを乾かして、砂糖づけにしたり、酢につけたり、ジャムに煮たりしたものだった。それから、よく……

ガーエフ　黙っていろ、フィールス。

フィールス　それからよく、乾した桜んぼを、荷馬車になん台もつんで、モスクワやハリコフへ出したもんでございましたよ。たいしたお金でしたわい！　乾した桜んぼだって、あのころは柔らかくてな、汁気があって、甘味があって、よい香りでしたよ。……あのころは、こさえかたを知っていたのでな……

ラネーフスカヤ　そのこさえかたが、今どうなったの？

フィールス　忘れちまいましたので。だれもおぼえちゃおりません。

（同前）

結局のところ、この「桜の園」の土地を一番愛していたのはこの老僕ということになる。しかし、この人にしても、サクランボの花のひとつひとつの美しさを見つめる、というのではなくて、サクランボの実る農園をなつかしがっているだけである。

クローズアップの眼

いずれにせよ、日本人の眼はごく自然に、細部に向かって収斂《しゅうれん》する。花見に行っても全体の景色よりひとつひとつの花に眼を凝らす傾向がある。テレビでヴェルサイユの庭園を映しているのを見ていたら、泉水や裸像をひとわたり見回した後、雨に濡れた蜘蛛の網のクローズアップで終わったことがあった。は、はーん、これを撮ったのは日本人カメラマンだな、と思っていると、案の定そうなのであった。

森鷗外の『阿部一族』の中に、激しい闘いの直前、まさに嵐の前の静けさの、息づまるような沈黙の中に、蜘蛛の巣の描写がある。

寛永十九年四月二十一日は麦秋《むぎあき》によくある薄曇りの日であった。

阿部一族の立て籠っている山崎の屋敷に討ち入ろうとして、竹内数馬の手のものは払暁《ふつぎょう》に表門の前に来た。夜通し鉦太鼓《かねたいこ》を鳴らしていた屋敷のうちが、今はひっそりとして空家《あきや》かと思われるほどである。門の扉は鎖《とざ》してある。板塀の上に二三尺伸びている夾竹桃《きょうちくとう》の木末《うら》には、蜘《くも》のいがかかっていて、それに夜露が真珠のように光っている。燕《つばめ》が一羽どこから飛んで来て、つと塀のうちに入った。（『日本の文学　3　森鷗外（一）』中央公論社所収）

この描写が、それに続く激闘の前奏となるわけだ。

庭園と料理

こうした微視的自然観は、都市に住む人の、身の回りに廻《めぐ》らせた自然すなわち庭と、体に取り込む自然、すなわち料理とにおのずと表現されている。

日本庭園は、世界でも他に類を見ない、独特のものである。箱庭的自然、などと外国人から揶揄され、また日本人自身もしばしば自虐的にそう言ったりするけれど、我々にはそれが最も心休まるものである。石と植物の配置の妙。枯れ山水の記号的、象徴的発想。この庭と室内とを区切るもの、つまり、人のこもる場と自然とを隔てるのは、ただ障子一枚である。日本の庭は座敷の続きなのだ。

この対極にあるものは、たとえば中国皇帝の紫禁城や、ヴェルサイユ宮殿の、左右対称でどこまでも広大な、悪く言えばだだっ広い、人工的な直線と曲線の支配する幾何学模様の庭園である。実際に行ってみてその広さにうんざりさせられ、こんなところじゃ、とても落ち着けんなぁ、写真で見てた方がよかった。と思う日本人が多いのではないか。一部分をとれば、どこも結局は単純で、似たようなものに見えて飽きてくるうえに、歩き疲れて、靴は白い細かいほこりで真っ白になっている。

中国にも小規模な庭園はもちろんあるけれど、ごちゃごちゃと人工構造物が多すぎるし、水がよどんで汚いのを気にしないようである。

ところで西洋の庭園では、広い無機質の庭園の補いにするつもりか、噴水が噴き上げ、大理石の裸像が立ったり寝そべったりしている。彼らにはその空間に人間の肉体とその物語が必要、というか、ないとどうしても物足りないのであろう。しかし日本でそれは考えられぬところである。たとえば南禅寺の庭に、大理石のヴィーナス、いや、腰巻ひとつの天宇受売命《アマノウズメノミコト》の石像なんかがあったら、と想像するだけでも違和感がある。

アラブ世界の砂漠地帯に住む人間の、水へのオマージュのような庭園を見ていると、乾燥地の荒野の中に奇跡のように出現した、水のあふれる一角ではあるけれど、無理した人工的空間だという感じが否めない。周辺の自然の苛烈さがこの庭園の潤いを際立たせているわけである。

そういう外国の庭園と比較して見ると、自然に逆らわなくてもよい、日本庭園の恵まれた美しさがはっきりするのである。

人工の空間に多く、自然にはほとんど見られないものと言えば、単純な曲線や直線であるが、日本庭園はそういう人工的要素を、あたかも歌舞伎の黒子の存在のように、できるだけ目立たせないようにしている。そして京都でも、奈良でも、庭はたいてい遠くに山が見えるように造られている。もともと日本の都市は山に囲まれており、そこに住む人間は常に青い山を見て育っている。

日本庭園をたとえば、ラスヴェガスのような所に無理して造園してみると、とんと、松花堂弁当を広いテーブルの上に置いたようなことになる。日本庭園はそれだけで成り立つものではなく、周りの山や森をはるかに望むような位置にあることが大切なのである。

それにしても、同じ庭園とは言いながら、フランスや中国の庭園と、日本のそれとは何と違っているることであろう。

そして、料理の盛り付けが、この日本庭園の構成を、それこそまさに箱庭的に繰り返しているのである。それは高級料亭の料理から、コンビニ弁当に至るまで踏襲されている。膳の中はひとつの完結した世界なのであって、その中に山水がある。海の波も、ふっくらした、たおやかな山襞《やまひだ》もせせらぎも、何もかもが感じ取れるようなものでなければならないのだ。

と、こう述べてきても、私は別にどちらが上だ、などと言っているわけではない。日本的環境の中で暮らしていれば、日本庭園の方に親しみが持てる、というだけの話である。

接写レンズの眼の功罪

日本人の細かいものをよく見る眼、すなわち接写レンズ的、微視的な眼が、実は日本のＩＴ産業や、カメラ製造での成功をもたらした。それはまことに結構なことである。小さな島国で、世界一の高品質の製品を作っていることを我々はもっと誇りに思っていいのだが、その一方で同じ眼の細かさが、いわば神経質な文明を造り出し、しばしば困った事態を招いてもいるのである。

それは、たとえば入学試験で、受験生の学力を機械で処理し、〝超薄切り〟に順位づけようとすること、農産物、つまり果物や野菜に、工業製品のような見かけの完璧さを求めること、ゴルフ場の芝生を、人工芝のようにそろえようとすること、などである。

本来の話の筋から外れてしまうが、大学入試センター試験はもともと東大の一次試験にヒントを得たものであった。東大でそれを実施したのは、「記念受験」などと言って、半分観光記念のようなつもりで、受かる可能性の低い、いわば冷やかしのような受験生をハネるために考え出されたものである。ある時期には受験生の倍率が高すぎた。それで、まずは足切りをしておいて、残った受験生の学力をじっくり見るという目的があったのである。だからセンター試験も、もとは共通一次と言っていた。

それが官僚機構の都合によって、巨大化させられ、独り歩きを始めたのがセンター試験である。大量の受験生を機械的に、しかも瞬時に処理するにはコンピューターによる採点しかない。いわゆるコンピューターリテラシーを高めることが、産業界の要請でもあった。

そうすればまず、試験が、形式上はきわめて公平になり、採点者による判断の違い、などという不確定要素は完全に排除されている、ということになる。万一受験生側から訴訟を起こされても勝てるように、とまで考えたのであろう。

しかし、コンピューターによる採点を可能にするためには、問題そのものをそれに順応させ、歪曲しなければならなかった。つまりマークシート方式の問題にならざるを得ないのである。そして入学試験も、文章を手で書かせるなどという原始的、手づくり風の、人間的な試験からは遠いものになった。

それにしても、我々は手で字を書くことから解放されてなんと楽ちんになったことか。役所の文書など、機械的な書類作成はこのために、実に実にカンタンになったのである。特に始末書のような心のこもらぬ形式的な書類は、書式に従ってデータの部分だけ変えればいい。継ぎはぎだらけでも跡が残らないから、いくらでもやり直しがきく。もう、もとには戻れない。とは言え、機械的な文書のたぐいはこれでよいであろうが、手紙とか創作の文章とはそういうものではない。

かつては、履歴書でも釣り書きでも何でも、手書きであった。しかも万年筆で書いたものでなければならない。それが世間の常識であった。鉛筆、ボールペンは不可だったのである。それよりもっと前は筆だったというからぞっとするではないか。ちょっとでも書き間違えれば初めからまた書き直しである。おまけに書は人なり、などと言って、筆跡によって人物を判定するというのである。そんなことで自分を評価されてたまるものか。

しかし、車にばかり乗っていると足が衰えるように、文章を書くのにパソコンに頼っていると漢字を忘れる。手と眼と頭の働きとを結び付ける回路が働かなくなるのである。かつては字を思い出そうと、人差し指で空中に書くような動作をして外国人に不思議がられたりしたものだが、そんなことも、もうなくなるだろう——かくて、紙に手で字を書くなどということは無意味な、くだらぬ労力を要する作業と考えられるようになった。字を書くことを苦痛に感じる人、字の下手な人が真っ先に便利な機械に跳びついた。初めの世代は多少のためらいを持ってワープロ、パソコンを使い始めたが、次の世代はそれにいけないところがあろうなどとは、つゆ疑わぬ、ということになった。

昔の名筆を鑑賞する機会があっても、上手なのか下手なのか、いい字なのかそうでないのか分からなくなってしまった。それで伝統的文化との断絶が起きた。日本画の線は書字の線と大いに関係があるはずだが、筆で字の書けない日本画家というものが出現し始めた。

手で書かなくて済むようになったおかげで本当に楽になったが、いっぽうでまた少し人間はバカになったような気もする。ワープロ、パソコンで文章を書けばいくらでも修正や追加が可能で、こんな楽なことはないわけだ。その代わり、なんとなく継ぎはぎだらけで、なんとなく文章が変なような気がする。リズムとか脈絡とかいうようなものが欠けているようにも思われるが、書いているときは分からない。整形美人の顔のようなもので、一見綺麗なようだが、なんだか変である。どこかが引きつっていそうでもある。


さて、ゴルフ場でも、雑草一本許さないというような目の細かさが、除草剤を撒くことにつながり、そんなところで、「自然はいいなあ」などと言って深呼吸でもすると、本来健康のためにするスポーツが健康に害のあるものになったりする。

同じように、菓子製造工場で、クッキーに虫が入っていると、工場では、同一ラインの製品全部を、それがどんなに大量であっても廃棄せざるを得ないことになってしまう。もったいないけれど、そうしないと、買い手も、マスメディアも許してくれないのである。こんなことをしている国が他にあるのだろうか。

農産物にも、工業製品と同じ精度や、見かけの綺麗さを求める。虫の齧った跡が少しでもあると、もう売り物にはならないから、虫を寄せ付けないために農薬を大量に使用することになる。農家でも本当はこんなことはしたくないし、米でも野菜でも、自家用には別に作っているという話をよく聞く。恐ろしいうえに、愚かなことではないか。

蜜柑にはヤノネカイガラムシというカイガラムシによって、胡麻粒のようなものが付くことがあるが、それがあるともう、売れない。農協が出荷を許さないのだそうである。ほんのちょっとしたキズがあっても駄目。形がいびつでも駄目。大きさがそろっていなければ駄目。消費者の目が厳しいことが健康のためにはマイナスに働くことがあるのだ。

米に、カメムシの吸ったかすかな茶色の点の付いたものが、一〇〇粒のうち一粒でも混じっていると、それだけでもう出荷されないという。だからそれを防ぐために、ネオニコチノイドなどという、強力な農薬を散布することになる。このネオニコチノイド系とか、フェニルピラゾール系とかの、いわゆる植物浸透性農薬がどれほど大量の虫を殺していることか。実によく効く薬なのである。虫に効くだけだというけれど、人にも効くのではないだろうか。水田は本来、虫や、蛙や、泥鰌など、小さな命に満ちていて、これが本来のお米の美味しさの源泉であったはずだが、現代日本の田や畑は、米と野菜の滅菌工場である。もっと言えば、綺麗さっぱりとした死の世界である。歴史的には、自然環境を農薬以前と農薬以後とに区分することができるだろう。一見したところは昔と変わらない環境なのに虫が少ない。それどころか、生き物の気配がない。土壌微生物が少なく、土に力がないのである。よく研究された農薬は虫以外には害がないというけれど、長い間にはどんな害が出てくるのか誰にも分かってはいない。

　もちろん、農薬なしに農業をすればきわめて非能率なものになって、今のように安く大量に食料を供給することは不可能である。だから、使用することはやむを得ないとしても、せめて見かけばかりにこだわらないようにして、なんとかその使用量を減らすように、農家だけではなく、消費者も務めるべきだと思うのである。第一、高価な農薬を使わないで済めば、製薬会社は困るかもしれないが、農家は助かるはずである。

　果物、特に贈答用の果物となると、これはほとんど美術、工芸品の世界で、手間をかけ、神経を遣って作られた、それこそ宝石のような、粒より、ぴかぴかのサクランボが、一箱一万五〇〇〇円もするというような極端な話もある。日本の高級果物店のそのサクランボの値段をフランスの農民に見せたら、びっくりして腰を抜かすことであろう。あちらでは、実桜の大木に、サクランボがまさに鈴なりに生《な》り、子供も鳥も食べ放題。全部を収穫したら軽トラックいっぱいになるぐらい実っている光景を見なれているからである。この果樹には、フランスの気候風土が合うから放っておいてもそうなるのだ。

両方の眼を持つこと

それはともかく、コンピューターリテラシーも必要だが、それと共に、なんとかして日本人本来の、自然を細かく見る眼を養いたいものである。それはこれからの教育次第であって、日本古来の接写レンズ的な眼と広角レンズ的な眼の両方を持つようになったら、それこそ鬼に金棒だと思うのである。ではどうすればよいのか。ここに、こんな子供の作文がある。

あきになってだん〱すずしくなりました
おもう様
おたたさま
ごきげんよくあらしやいますか
迪宮《みちのみや》もじようぶで　毎朝すこしおさらひをして　それから山や野原
などへあみを持つて　蟲とりにでゝうんどうをします

「迪宮」とあるから分かる人には分かるけれど、子供といってもただの子供ではない。昭和天皇である。これは、一九一〇年九月十五日に葉山から送られた葉書の文面である。天皇は一九〇一年のお生まれであるから、九歳の時に書かれたもの、ということになる。「山や野原など

へあみを持つて　蟲とりにで、うんどうをします」、すなわちこの時代、「正しい」男の子は、まず虫捕りをするものと考えられていたのである。やがて、それがもう少し本格的になり、昆虫採集ということになる。

幼少時に自然の中で遊ぶ。そして虫など小動物を捕ろうと眼を凝らす。ぼんやりしていては虫は捕まえられない。まわりをよく見、気配を感じ取り、動作は俊敏でなければならない。花に止まり、呼吸でもするように、ゆっくり羽搏《はばた》きながら蜜を吸う蝶の翅の輝き。首尾よく捕まえた時の嬉しさ。あるいはクヌギの幹で樹液を舐めるカブト、クワガタを発見した時の胸のときめき。ギンヤンマを網にした時の興奮——ある時期までにこうした感覚、感情を養成することが人間にとって有益であることは言うまでもあるまい。かつての日本人はこうして眼と感覚を養ったのである。

これを野蛮な、原始的な狩猟本能と言って非難する人もいるであろう。しかし、もともと人間も生物の一種である。その本能が創造性にもつながるのだ。それからあまり離れてはいけない。セルフ・ドメスティケーション、自己家畜化という言葉があるけれど、本能を鈍らせては人も家畜になってしまう。安全そのものの人工的環境の中で、飽食し、油断しきって暮らしていると、家畜的に変形してしまうのだ。猪と豚、狼と座敷犬とを比べれば分かることだが、家畜なら、耳が垂れ、顔が寸詰まりになって、幼獣の顔のまま成長する。人間なら歯の数が減り、顎が小さくなって、ラッキョウ顔になる。それがいわゆるネオテニー、つまり幼形成熟である。

もっとも、人間が知能を発展させたのはその現象のおかげという説もある。外見上も、果たして人間は美しいのか。危険を感じ取る能力を持ち、いざとなると全速力で走ることができるから野生動物は美しいのであるが。

我田引水をまた繰り返そう。捕まえた虫を手にとって眺め、その手触りを知る。ぶるぶるっと手の中で身を震わせるギンヤンマ。エナメルを塗ったようにぴかりと光るその色。カブトムシの肢の棘の痛さ。金色の微毛の生えたその翅鞘の硬さ、雑木林全体にも通じるその野生の匂い。

これを絵に描くと、細部を見る眼が確かなものになる。虫眼鏡で見ると、今まで見えなかったものが見えてくる。さらに顕微鏡を覗くと、拡大倍率に従って、いくらでもその奥の世界がある。望遠鏡で見るマクロの宇宙と同じく、ミクロの宇宙が眼の前に出現するのである。その中にこそ美があり、これを楽しむことが人間の特権であるというのが、私の言いたかったことなのである。

奥本大三郎 おくもと　だいさぶろう

フランス文学者。ＮＰＯ日本アンリ・ファーブル会理事長。

一九四四年、大阪生まれ。東京大学文学部仏文科卒業。同大学院修了。

『虫の宇宙誌』(集英社文庫)で読売文学賞、『楽しき熱帯』(集英社文庫)でサントリー学芸賞を受賞。

他にも『虫のゐどころ』(新潮文庫)、小説『パリの詐欺師たち』(集英社)、『奥山准教授のトマト大学太平記』(幻戯書房)など著書多数。

現在『完訳ファーブル昆虫記』(集英社)刊行中。

【画像提供】
図6(ベニコンゴウインコ)ⓒKevin Schafer/minden pictures/ amanaimages
図9(バティック)ⓒThierry Ollivier / RMN-GP/ amanaimages
図10(オカピ)ⓒorion/amanaimages
図11(マサイ族の楯)ⓒAlamy / PPS通信社
図12(古代エジプト壁画)ⓒBridgeman Images/amanaimages
図14(春鶯囀)ⓒMichael S. Yamashita/Corbis/amanaimages

【参考・引用文献リスト】

図15『雪舟の「山水長巻」』島尾新著(小学館)／図16『広重「名所江戸百景」の旅』安村敏信監修(平凡社)／図17『日本美術絵画全集　第25巻 司馬江漢』成瀬不二雄著(集英社)／図18『没後100年 高橋由一展』(神奈川県立近代美術館)／図19『浅井忠の図案』浅井忠著(芸艸堂)／図21『菱田春草 不熟の天才画家』(平凡社)／図22・図23『大英博物館秘蔵「江戸美術展」』(東京ルネッサンス推進委員会)／図24『Michel BOULARD & Bernard MONDON,Vies & Mémoires de Cigales:Provence:Languedoc Méditerranée』(Éditions de L'Équimoxe 1995)／図25『The Art of Natural History : Animal Illustrators and Their Work / S. Peter Dance』(Country Life books)／図26『日本人の名字と家紋1000』(KKベストセラーズ)／図27『ガレとドーム 四季の花』池田まゆみ著(マリア書房)

知のトレッキング叢書

虫《むし》から始《はじ》まる文明論《ぶんめいろん》

二〇一五年二月二八日　第一刷発行
二〇一五年五月三一日　第二刷発行

著　者　奥本大三郎《おくもとだいさぶろう》

発行者　館　孝太郎
発行所　株式会社集英社インターナショナル
〒一〇一-〇〇六四　東京都千代田区猿楽町一-五-一八
電話　企画編集部　〇三-五二一一-二六三〇
発売所　株式会社集英社
〒一〇一-八〇五〇　東京都千代田区一ツ橋二-五-一〇
電話　読者係　〇三-三二三〇-六〇八〇
販売部　〇三-三二三〇-六三九三（書店専用）
印刷所　大日本印刷株式会社
製本所　株式会社ブックアート

ISBN978-4-7976-7288-6 C0095